CAMILLE RYTHIER & ADOLPHE HENRY

SOUVENIRS ET IMPRESSIONS

DE

Madagascar

(CAMPAGNE DE 1895-1896)

D'APRÈS LES

NOTES D'UN OFFICIER

ACCOMPAGNÉS D'UNE CARTE DES OPÉRATIONS

PRÉFACE DE M. WILFRID DE FONVIELLE

PARIS

Édouard Rouveyre, Éditeur

76, RUE DE SEINE, 76

CAMILLE RYTHIER & ADOLPHE HENRY

SOUVENIRS ET IMPRESSIONS

DE

Madagascar

(CAMPAGNE DE 1895-1896)

D'APRÈS LES

NOTES D'UN OFFICIER

ACCOMPAGNÉS D'UNE CARTE DES OPÉRATIONS

PRÉFACE DE M. WILFRID DE FONVIELLE

PARIS

Edouard Rouveyre, Editeur

76, RUE DE SEINE, 76

PRÉFACE

I

C'est toujours une aimable mission que de servir de parrain à deux jeunes écrivains ayant embrassé l'épineuse carrière de la littérature. Mais cette tâche est surtout agréable lorsqu'il s'agit de recommander une œuvre relevant — en dépit de quelques critiques de détail parfois un peu vives — d'un sincère patriotisme et traitant un sujet en quelque sorte national depuis des siècles.

En effet, la conquête de Madagascar par les troupes de la troisième République n'est autre que l'accomplissement d'un rêve du plus grand Roi qui ait régné sur la France.

Le droit divin et le droit populaire se sont donné la main — si je puis dire — à travers les siècles pour l'accomplissement de cette grande œuvre.

Puisse le succès de mon jeune confrère et ami Adolphe Henry et de son collaborateur M. Camille Rythier être assez éclatant pour engager les auteurs des *Souvenirs et Impressions de Madagascar* à se charger d'une tâche digne d'un Michelet, d'un Henri Martin, ou même, d'un Hugo ! Que le public les encourage et, peut-être, un jour prochain, après ces pages sincères écrites en un style alerte et vivant, dont la grâce charmante, voire mélancolique, corrige l'amertume, excessive, à mon sens, qui ne laisse pas de percer en quelques endroits, nous donneront-ils le récit complet de cette grande épopée coloniale où l'étoile de la France a subi de si longues, de si terribles éclipses !

Quel plaisir et même quel orgueil on aurait à entendre raconter en une langue savoureuse et fraîche toutes les tentatives faites pour attacher à notre écrin colonial cette perle de l'Océan Indien, la plus grande île des deux hémisphères !

Il y aurait un long volume à écrire pour faire comprendre l'importance politique et sociale des évènements que nos deux auteurs font remuer d'une façon si vraie, si vécue.

Nous nous bornerons à faire quelques réflexions de nature à attirer l'attention sur quelques côtés d'une importance capitale aussi bien, nous le répétons, au point de vue social, économique, qu'au point de vue politique. En effet, la conquête de Madagascar, que le lecteur verra s'accomplir devant lui, n'est pas un incident fortuit, provoqué par le simple caprice d'un homme d'Etat. On peut en dire qu'elle marque une époque mémorable dans notre évolution nationale, qu'elle est une manifestation éclatante de la puissance du génie français.

De tous les faits contemporains la conquête de Madagascar est peut-être celui qui a ses racines dans le passé le plus lointain. Il est à espérer que de toutes nos conquêtes, ce sera celle qui portera les fruits les plus précieux dans le siècle qui vient de s'ouvrir. En effet, Madagascar n'est pas seulement une colonie, c'est une étape, c'est un royaume qui joint à notre République notre empire de l'Indo-Chine.

Le cas échéant, nous avons un point d'appui pour disputer la possession de l'Océan Indien aux maîtres de l'Inde.

Jusqu'au ministère Ferry, grand ministère s'il en fut, nous avions été soumis à la politique du recueillement, des bras croisés, à laquelle nous avions été incités par l'influence anglaise. On avait exploité nos regrets, nos ressentiments, nos colères. On nous montrait l'Alsace-Lorraine comme on montre un chiffon rouge à un taureau et nous nous épuisions stérilement dans nos armements à outrance, nous marchions vers la banqueroute matérielle et morale.

Quand on pense que le Tonkin avait été conquis par Francis Garnier avec une poignée d'hommes et que nous avons abandonné ce pays, alors que personne ne nous y obligeait, pour le reconquérir quelques années plus tard au prix de sanglants et coûteux sacrifices, cela peut prêter à réfléchir !

Que d'épisodes identiques, hélas ! pourraient être mentionnés relativement à notre histoire à Madagascar !

Mais, il convient de le dire hautement, aux plus mauvais jours, nous avons été soutenus par des hommes vaillants, dont quelques-uns portaient la soutane du prêtre ou la robe du moine et qui tous ont lutté comme d'héroïques soldats de la patrie française.

Cette grande leçon doit nous montrer que la République est le patrimoine commun de tous les Français qui respectent les lois constitutionnelles, mais font de leur liberté l'usage que leur commande leur conscience.

Ainsi qu'on l'a fait remarquer avec raison, c'est l'extension de la Grande-Bretagne qui a permis à l'aristocratie de ce pays de conserver sa puissante organisation. Il est à présumer que l'expansion coloniale de la France rendra le même service à notre démocratie en nous enseignant la nécessité de vivre en paix les uns avec les autres sur le territoire national et à respecter dans le sein de la métropole les éléments divers dont la mère-patrie a besoin dans ses établissements d'outre-mer.

Quoi qu'il en soit, jamais l'Angleterre n'a cessé de s'opposer à une prise de possession susceptible de transformer l'équilibre politique dans l'Hindoustan, l'Indo-Chine et l'Afrique Australe, et si l'importance de notre conquête avait besoin d'être établie, on peut dire que nos voisins d'outre-Manche se sont chargés d'en faire la démonstration complète.

Qui sait si ce n'est pas à une pensée profonde de l'Empereur Alexandre Ier qu'est dû cet article des traités de 1815 où nos droits sur Madagascar semblent nous avoir été réservés. Car les clauses peu claires de cet arrangement diplomatique ont été notre sauvegarde. Elles ont empêché la Grande-Bretagne de faire un *casus belli* d'une campagne que nous avions le droit incontestable d'entreprendre et de mener à bien en vertu des conventions qui ont servi de base à l'organisation de l'Europe moderne.

L'opposition de nos rivaux n'a pu s'exercer que d'une façon officieuse par l'intermédiaire de ces collègues du pharmacien Prichard que l'on nomme les missionnaires anglais. Ces habiles négociants, qui ont ouvert un rayon pour le salut éternel de leurs clients, ont été cause que nous avons dû renoncer à la forme la plus douce que notre domination avait pris, celle du protectorat.

Je trouve dans le *Temps* du 31 Décembre dernier des avis fort sages formulés par le Prince Roland Bonaparte qui, comme on le sait, préside actuellement la Société de Géographie ; ces avis, bien que concernant d'une façon générale toutes les colonies françaises, visent si particulièrement Madagascar qu'il n'est pas superflu de mettre au moins ces passages sous les yeux des lecteurs de ce volume :

« . . . Aux colonies, toute la politique française devrait se résumer dans la construction des

voies ferrées. Tant que nous n'aurons pas de chemins de fer, nous n'aurons pas de colonies ! Et d'où vient que nous n'avons pas de chemins de fer ? Voici : on n'ose plus accorder de concessions, car, en cas de conditions avantageuses, une certaine presse crierait aux pots-de-vin ! Donnez du territoire aux concessionnaires le long de la ligne à construire, et on vous accusera pompeusement d'aliéner le domaine national. On se méfie des faiseurs d'affaires : *la nuance de mépris avec laquelle beaucoup de gens profèrent ces mots aujourd'hui est un signe des temps ; on craint toujours que les entrepreneurs gagnent trop d'argent. On oublie leurs risques, etc. Quant à moi, je trouverais fort bon qu'ils gagnassent du 25 °/₀ à Madagascar, par exemple. Qu'ils volent même, pourvu que nous ayons nos chemins de fer ! L'Etat, lui, n'aboutit, ni ne peut aboutir. Autre point : nos ingénieurs, surtout ceux de l'Etat, sont trop méticuleux, font de l'ouvrage trop soigné dans les pays neufs. Quand une rivière se présente, l'Anglais construit d'abord un pont en bois, ou installe un bac. Le pont de fer s'érige à son heure, quand un trafic rénumérateur fonctionne déjà depuis un an. Evitons à ces entreprises la tutelle gouvernementale. Laissons faire les particuliers. Ainsi, nous voilà à Madagascar depuis 1897, et le chemin de fer n'est pas encore commencé ».*

Qu'ajouter à ces paroles que nous

engageons à relire quand on aura lu
les pages qui suivent !

C'est malgré nous, à notre corps
défendant, que nous sommes devenus
conquérants. Nous ne demandions pas
mieux que de reconnaître cette monar-
chie grotesque de la Tribu des Hovas,
dont la Constitution obligeait une jeune
fille à épouser un vieillard décrépit, et
dont le bain de la Reine constituait à
lui seul la principale cérémonie nationale !

Notre protectorat n'était point un
piège et un leurre, un masque que nous
mettions à notre domination. Nous ne
demandions pas mieux que de respecter
les privilèges de S. M. Ranavalo et les
fantaisies de son ministériel époux.

Les missionnaires britanniques, ces
hommes de discorde qui prétendent
représenter l'Eternel, espéraient allu-
mer entre la France et l'Angleterre une
guerre qui eût été une calamité pour le
genre humain. Ils excitaient à un si
haut degré l'esprit de nos protégés qu'il
a fallu employer la force des armes

pour dompter ceux que la raison n'avaient pu arrêter sur la pente fatale.

Mais, le jour du péril arrivé, les agents provocateurs se sont dérobés comme s'ils étaient de simples empereurs d'Allemagne et les Hovas ont été abandonnés comme devaient l'être les Boers, quelques années après.

Mais les Hovas ne sont point des Boers. Ils n'ont pas les vertus civiques et militaires qu'engendrent la pratique d'un gouvernement républicain et la croyance dans l'action providentielle du grand architecte de l'Univers.

Au point de vue militaire, rien n'est moins dangereux que la résistance offerte par des braillards, et les Hovas en étaient de fameux, mais, à Madagascar, les difficultés du terrain étaient si grandes, les pièges tendus par un ennemi astucieux tellement favorisés par la nature du sol et les intempéries des saisons, l'insuffisance des données géographiques, en un mot le défaut d'organisation première, si manifeste que tout contribua à accabler nos troupes, à affaiblir et à diminuer les effectifs ; la campagne fut dure, très dure pour nos soldats. mais, malgré les fatigues et les privations, ils conservèrent — en partie — leur bonne humeur et totale, alors, leur admirable vaillance à laquelle nous rendons le fier et légitime hommage qui leur est dû.

Sans négliger l'intérêt d'un drame souvent tragique, dont les diverses phases ont été fort exactement rendues, l'ouvrage de MM Camille Rythier et Adolphe Henry — qui possèdent un réel don d'observation — offre aussi celui d'une joyeuse comédie ; les larmes et les rires se confondent ; l'héroïsme côtoie le grotesque ; c'est qu'aussi bien, ainsi le veut la vie, ainsi le veut le caractère des hommes qui, en quelque sphère qu'ils se meuvent, à quelque classe qu'ils appartiennent, tiennent de l'ange et de la bête, sans être ni l'un ni l'autre, comme l'a dit Pascal.

En résumé, le récit de ces événements est bien français et aussi, en maints passages, tout à fait gaulois, sans excès toutefois, ce qui en augmente le charme.

II

Les *Souvenirs et Impressions de Madagascar* s'arrêtant à la prise de Tananarive, il convient peut-être de parler brièvement, en cette préface, de la façon dont nous avons complété notre conquête.

Le général Galliéni en a d'ailleurs fait l'objet d'une étude extrêmement intéressante qui a été publiée par le *Bulletin de la Société de Géographie*.

Au mois de septembre 1896, quand le général Galliéni débarqua, l'insurrection était partout et la sécurité nulle part.

Des bandes armées étaient maîtresses de l'Emyrne, c'est-à-dire du centre de Madagascar, de la province que l'on peut considérer comme le réduit militaire du pays.

On était exposé aux attaques des rebelles, jusqu'aux portes mêmes de Tananarive, dont la banlieue était menacée ; et du haut de sa demeure, le nouveau gouverneur pouvait apercevoir, la nuit, les lueurs lugubres des villages incendiés par les ennemis du nom français.

Pour communiquer avec la côte, avec Tamatave, il n'existait qu'un étroit sentier maintenu presque inextricable par les Hovas, afin de se prémunir contre la marche d'une armée. Il n'était pas possible de s'y risquer sans une forte escorte ; et, même dans ces conditions, le voyage offrait des dangers.

Les communications étant interrompues par l'insurrection, Tananarive était menacée de la famine. Les magasins contenaient à peine un mois de vivres,

En dehors de l'Emyrne, le désordre était à son comble; et il n'est pas exagéré de dire que l'anarchie débordait sans frein. Cédant aux excitations de leurs gouverneurs hovas, des tribus s'étaient soulevées sans raison, au lieu de profiter de l'occasion pour s'affranchir de chefs odieux. En un mot, de quelque côté que l'on jetât les yeux, on n'apercevait que des périls et des causes d'alarmes.

Le commerce était mort, la culture nulle, la misère partout.

Le général Galliéni se mit à l'œuvre avec beaucoup d'énergie et en suivant un plan rationnel. Il commença par affranchir les populations du joug hova, en donnant aux tribus des chefs pris parmi elles. Des mesures de répression militaire réussirent à ramener l'ordre dans l'Emyrne, et, au bout d'un an, au mois d'avril 1897, la campagne n'était plus tenue que par quelques petites bandes qui firent leur soumission successivement.

En même temps, on s'occupait activement d'améliorer la route entre Tananarive et Tamatave et d'assurer le service du ravitaillement, de manière à constituer dans la capitale de fortes réserves en vivres et en munitions

La substitution de la conquête pure et simple au régime du protectorat et le détrônement de la reine Ranavalo furent des actes aussi indispensables que l'exécution de quelques agitateurs. Il fallut en finir et faire sentir le poids de notre main.

Une fois les relations facilitées entre Tananarive et Tamatave, on dut s'occuper de la jonction entre la côte Est et la côte Nord-Ouest. Puis il y eut lieu d'établir notre pouvoir dans le Sud et dans l'Ouest, chez les Baras et chez les Sakalaves qui se livraient à des pillages rendant impossibls toute tentative de commerce ou de colonisation.

C'est alors que des expéditions brillantes assurèrent la suprématie de nos armes, entre autres l'occupation du rocher escarpé d'Ikongo, large d'un kilomètre, long de six, position formidable située à 1,250 mètres d'altitude, que l'on ne pouvait aborder que par des rampes de 45 degrés.

Il fallut dix jours de combat acharné pour arracher à la tribu des Tanalas cette forteresse naturelle qui dominait tout le pays et que les Hovas n'avaient jamais pu prendre.

La campagne de 1898 porta l'effort principal vers l'Ouest où les Sakalaves furent dificilement soumis.

Au commencement de l'année 1899, le Nord et le Sud de l'île étaient pacifiés et administrés régulièrement. Si quelqués points noirs subsistaient encore, on peut affirmer qu'ils ne constituaient qu'une partie minime du territoire. Il n'y avait plus nulle part quelque chose méritant le nom d'état de guerre.

La méthode suivie par le général Galliéni avait été, à la fois, prudente et puissante. Lentement, jour par jour, il avait gagné du terrain, s'appuyant sur la conquête de la veille pour préparer celle du lendemain.

D'abord, on a percé des lignes de pénétration, en les jalonnant de postes fortifiés ; puis on les a réunies entre elles par d'autres lignes transversales, de façon à constituer un vaste réseau, l'organisation administrative et gouvernementale marchant de front avec l'occupation militaire.

Ces quatre années appartiennent à l'histoire, qui dira combien elles furent glorieuses pour notre drapeau. Mais, hélas ! ce ne fut pas sans de cruels sacrifices. Cette œuvre pénible, dangereuse, dont la France a le droit d'être fière, nous a coûté de précieuses existences. D'après le rapport du docteur Lidin, médecin en chef des colonies, directeur du service de santé du corps d'occupation, la mortalité, dans les rangs des soldats blancs, a été de 59 pour 1000 en 1897. En France, elle est de 9,5 pour 1000 et en Algérie de 14,5.

Notre patrie doit un souvenir respectueux et ému à ces fils vaillants, morts obscurément là-bas pour son service.

Mais des Français dignes de ce nom n'aiment pas à régner longtemps en s'appuyant exclusivement sur le droit de la force. De tous, ce droit leur paraît le plus précaire même lorsqu'il est sanctionné par des traités. Notre ambition est de voir des compatriotes de demain dans les vaincus d'hier.

Les effets de notre politique humaine, intelligente et conciliante n'ont pas tardé à se produire et l'accueil fait au général Galliéni, quand il est rentré récemment à Madagascar, à son retour d'Europe, a montré la grandeur des résultats obtenus.

Non seulement il a été récompensé par les acclamations des blancs, mais encore les indigènes, vêtus de leurs habits de fête, se pressaient sur son passage, en lui adressant de chaleureuses ovations.

Sur sa route, pour se rendre de Tamatave à Tananarive, il traversait des villages rebâtis, devenus prospères. Ses yeux voyaient des plaines pacifiées, des forêts entr'ouvertes, des montagnes éventrées par des chemins d'un parcours facile.

La route de Tamatave à Tananarive est arrivée à un tel degré d'avancement que le général a pu en parcourir une notable partie en automobile, ce qui est un véritable tour de force, quand on songe aux anciennes peines pour arriver à la capitale, il y a si peu de temps encore, lorsqu'un cheval ou un mulet n'aurait pas pu passer, lorsqu'on devait se faire péniblement porter dans des espèces de hamacs par des hommes vigoureux.

Dix mille travailleurs sont occupés encore, en ce moment, à terminer le tronçon de la forêt, le plus dur parmi ceux inachevés, et ils ne sont pas fournis par des réquisitions et des corvées, abolies à la grande joie des populations, mais bien par l'appel au labeur rénuméré.

Pendant l'Exposition Universelle, la reine Ranavalo avait exprimé le désir d'être autorisée à visiter les palais du Champ de Mars où sa musique avait fait merveille.

Pourquoi ne pas avoir remis pendant quelques jours sur un trône de carton notre « gracieuse » pensionnaire. Elle a payé bien cher une escapade qui n'est pas de son fait. Il est certain qu'elle aurait « fait recette » et qu'en l'exhibant avec discrétion pendant une semaine on aurait fait rentrer quelques millions de tickets. Les impitoyables adjudicataires de l'Exposition, mis aux pieds de leurs murailles de béton armé auraient donné quittance de leurs réclamations et tout le monde jusqu'à M. Picard aurait crié : « Vive la reine de Madagascar ! »

Les Malgaches sont un peuple artiste, intelligent, aristocratique ; ils auraient certainement bien pris la chose et nous en auraient gardé de la reconnaissance.

III

Nos rivaux nous ont donné en ce qui

concerne leurs méthodes de colonisation d'amirables modèles de valeur et
de persévérance que nous ne saurions
imiter trop fidèlement.

Comme le disait un grand philosophe qui fut mon maître et m'honora
de son affection, les Anglais ont rendu
à l'humanité un service signalé, non
pas seulement en répandant les prin-
cipes libéraux dans le monde, en créant
la locomotion à vapeur et la grande
industrie moderne, mais en établissant
dans l'Inde un vaste empire scientifi-
quement gouverné, administré d'une
façon philosophique.

Les crimes de leur gouvernement
dans l'Afrique australe, les intrigues
des méthodistes à Madagascar ne doivent pas nous empêcher de reconnaître
ce qu'il y a de réellement admirable
dans leur politique coloniale La fin du
règne de la reine Victoria avec Lord
Salisbury ne doit pas nous faire oublier
ses débuts avec Lord Melbourne.

Car la Grande-Bretagne a trouvé la
formule qui sera propre à toutes les
nations civilisées dignes de servir de
mère-patrie aussi longtemps qu'il y

aura des colonies à fonder sur la terre.

J'ai indiqué dans une revue scienti-
fique importante, une solution que l'on
pourrait proposer pour résoudre la
question de Terre-Neuve et qui serait
le recours à l'arbitrage international. Il
en est une autre qui serait plus radicale,
si ce que j'ai entendu raconter dans
mon enfance, par un vieux diplomate
qui avait servi de secrétaire à un repré-
sentant de la France au Congrès de
1815, est exact.

L'Angleterre avait offert à Louis
XVIII le choix entre la restitution des
Pêcheries de Terre-Neuve, et celle de
l'Ile de France. Le roi opta pour la
première solution, la plus utile suivant
lui à la reconstitution de notre marine.
Il ferma les yeux sur les douleurs des
habitants de cette Alsace-Lorraine de
l'Océan Indien, où les traditions natio-
nales se sont conservées si vivaces, si
brillantes Il sacrifia le pays de Paul et
de Virginie.

Si, ce que j'espère, ces offres ont
laissé quelque trace dans les archives
diplomatiques, voilà un terrain de tran-
saction qui s'impose à l'Angleterre.

La République n'a qu'à délaisser ce qu'a accepté Louis XVIII et à accepter ce qu'il n'a pas voulu prendre. Le surcroît d'activité qui en résulterait pour nos armements par suite de la consolidation de notre puissance à Madagascar serait immense. Quant à nos pêcheurs dépossédés, il serait, je crois, facile de leur trouver des compensations nécessaires.

Mais ce sujet m'entraînerait trop loin pour que je puisse le traiter à fond ; et d'ailleurs, pour s'y attacher, il faudrait savoir jusqu'à quel point les faits qui m'ont été racontés ont laissé quelques traces dans l'histoire.

WILFRID DE FONVIELLE.

Janvier 1901

PREMIÈRE PARTIE

EN ROUTE

---

14 Février 1895. — **A bord de « Notre-Dame-du-Salut ».** — Pour la troisième fois je gravis l'échelle d'un navire à destination d'une colonie. Aujourd'hui c'est Madagascar qui m'attire.

Madagascar ! Tous les échos de la presse française retentissent du nom de la grande île africaine.

La campagne est organisée ; dans quelques mois, nous serons à Tananarive et nous prendrons d'assaut la capitale hova.

Je suis heureux de faire une grande expédition. Les escarmouches auxquelles j'ai assisté au Tonkin — quoique souvent meurtrières — ne sont pas comparables à de véritables combats en rase campagne et n'offrent pas leur attrait. Les Hovas ont de l'artillerie ; ils disposent d'une armée de vingt-cinq mille hommes et il y aura certainement bataille. Je descends allègrement l'escalier me conduisant à ma cabine.

A midi les amarres sont filées. « *Notre-Dame-du-Salut* » hisse les couleurs. Tous les marins du « *Formidable* » nous accompagnent de leurs hurrahs enthousiastes — auxquels nous répondons de notre mieux — tandis que la musique du « *Hoche* » joue la Marseillaise.

Ces adieux en fête, ces manifestations spontanées, touchantes, simples et cordiales me remplissent le cœur de joie et viennent adoucir — même chasser pour un moment — les pensées moroses qui ne laissent pas d'assombrir l'esprit au moment d'un départ pour d'aussi lointaines contrées... car, je ne sais plus quel écrivain l'a dit poétiquement, « partir n'est-ce pas mourir un peu ? »

Deux ans loin de France, une longue et pénible traversée, une expédition dans un pays appelé le « *cimetière des Européens* », les hasards de la guerre : voilà l'avenir.

Nous sortons du port, j'embrasse d'un dernier coup d'œil la ville de Toulon mollement couchée, comme en un geste d'une grâce harmonieuse, au pied du mont Faron, et j'envoie un amical bonjour au quartier du Mourillon qui me rappelle mes fredaines de sous-lieutenant.

Nous doublons le cap Cépet.

Déjà la houle se fait sentir.

Connaissant mon peu de résistance aux atteintes du mal de mer et ne voulant pas donner à mes camarades de traversée un fâcheux exemple, je n'essaye pas de lutter et dégringole immédiatement pour prendre sur ma couchette la position horizontale, la seule qui me permette de supporter les affres de cette douloureuse indisposition.

15 Février. — **Philippeville.** — Le 15, à cinq heures du soir, nous sommes en vue de Philippeville.

Je secoue ma torpeur ; depuis Toulon je n'ai pu sortir de ma cabine. Je grimpe sur le pont et bientôt apparaît, coquette, Philippeville, construite il y a cinquante-six ans sur les ruines de l'antique ville numide Rusicada.

Il est huit heures du soir quand « *Notre-Dame-du-Salut* » vient se ranger auprès du quai de débarquement.

Le roulis du bateau bruit encore dans ma cervelle. Quelques instants plus tard, ayant profité d'une amicale hospitalité qui m'était cordialement offerte, je m'étends sur un lit moelleux ; prêt à m'endormir, je pense aux singularités du hasard qui me ramène, au bout de trente ans, en ce petit trou algérien où s'est écoulée une partie de mon enfance.

16 Février. — Un copieux repas, arrosé d'excellents vins du pays, me remet complètement l'estomac encore un peu « barbouillé ».

Avec deux de mes camarades je prends une voiture pour aller visiter à quelques kilomètres de Philippeville la propriété de M. L... Le parc en est tracé d'une façon assez fantaisiste, mais merveilleux de luxuriante végétation. Je respire avec ivresse un pénétrant parfum fait des odeurs combinées de lianes exotiques, de fleurs d'orangers et de citronniers.

Moi qui viens de quitter Paris aux toits couverts de neige, je sollicite l'ombre des grands arbres pour me soustraire aux caresses indiscrètes d'un soleil déjà très ardent.

L'habitation de M. L... ne me plaît que médiocrement. Elle est de dimensions mesquines, basse, construite en carré... trop parfait. Une terrasse plate et disgracieuse surmonte ce pauvre édifice qui semble plus misérable encore, au milieu du vaste parc coupé de larges et longues avenues.

Ce qui m'intéresse une minute c'est la vue d'un très beau lion au bon gros muffle, à l'air brave enfant et dont les yeux placides se fixent, interrogatifs, sur les visiteurs comme pour leur demander pour quelle secrète raison son maître persiste à l'encager.

La route que nous suivons au retour longe la voie du chemin de fer de Constantine. A droite, de magnifiques citronniers plient sous le poids des fruits dont ils sont chargés. Les mandarines commencent à rougir.

En ce même moment, Paris, mon bon Paris grelotte ; ses toits sont couverts de neige et la Seine charrie de nombreux glaçons. A ce souvenir, en m'imaginant mes concitoyens fermant frileusement leur pardessus, chargeant leur cheminée de charbon, en revoyant par la pensée nos mignonnes parisiennes dérober avec peine leurs adorables frimousses aux atteintes de vilaines gerçures, j'apprécie davantage — avec un déplorable égoïsme que j'avoue — le soleil africain qui n'épargne pas ses rayons et dont la douce chaleur pénètre et vivifie.

Je vais à bord pour me renseigner sur l'heure du départ du bateau. Le départ est fixé au 17 dans la matinée. Encore une excellente nuit à passer dans un bon lit que ne secoueront pas les capricieuses vagues du grand lac bleu.

A 9 heures, je vais assister au punch offert par les officiers de la garnison de Philippeville à leurs camarades de la batterie du capitaine L...

Le matériel de la batterie a été embarqué dans la journée. Le personnel doit être à bord le lendemain matin. Aussi, tranquille sur son embarquement, le capitaine L... trinque joyeusement avec ses camarades, qui, dans des speechs patriotiques et émus, lui souhaitent succès, santé, grades... etc...

———

[Notes annexes écrites à la fin de la campagne. — De cette superbe batterie, dont les hommes, bâtis en force et en vigueur, faisaient notre admiration, quelques mois plus tard il ne devait rester que quelques moribonds.

L..., le capitaine, mort ! B..., le lieutenant en premier, mort ! P..., jeune marié, bientôt père, mort ! Seul le sous-lieutenant M..., à la tête d'un convoi de ravitaillement, a pu remonter jusqu'à Tananarive !

Quant aux hommes, à la date du premier

Octobre, il restait à la batterie... un canonnier disponible !

... La sinistre éloquence de ces chiffres devrait donner à réfléchir aux organisateurs d'une expédition d'outre-mer.

Nos guerres coloniales : Cochinchine, Tonkin, Dahomey ont démontré jusqu'à l'évidence que l'élément européen devrait être banni ou réduit au strict nécessaire ; outre que son entretien exige d'énormes approvisionnements, il est impossible de demander au simple soldat des efforts soutenus, sans le voir touché, presque immédiatement, par la fièvre ou la dysenterie. C'est à peine s'il peut, pendant cinq ou six heures, supporter le port du sac. La marche, en pays de montagne ou dans les marais, sur les chemins non frayés, épuise rapidement son courage et ses forces. Ce sont là, d'ailleurs, choses parfaitement connues de tous ceux qui ont commandé au Tonkin ou au Dahomey.

Malgré l'enseignement du passé le corps expéditionnaire ne comptait que deux bataillons de troupes exotiques proprement dites : les Haoussas et les Malgaches.

Les autres combattants étaient des Européens, sauf le régiment de tirailleurs algériens, dont l'acclimatement a été très pénible et dont les hommes n'ont repris le dessus qu'après avoir traversé les marais du Boina.

Les médecins qui se sont occupés d'hygiène coloniale sont arrivés à reconnaître que « *l'Européen ne doit pas remuer de terres vierges dans les pays tropicaux* ».

Le docteur Treille, très compétent en la matière, écrit en tête d'un chapitre de son livre sur l'hygiène aux colonies :

« *Tout coup de pioche donné dans une terre vierge, par un Européen, dans les pays tropicaux, est un coup de pioche qu'il donne à sa propre tombe !* »

Cette vérité, qui est devenue un axiome, aurait dû être méditée avec fruit par les organisateurs de la campagne. Si le général en chef avait tenu compte du sérieux enseignement qu'elle renferme en soi, il n'aurait pas exigé de ses troupes ce travail gigantesque de construction de la route de Majunga, travail stérile, qui a énervé, épuisé, décimé ses troupes.]

17 Février. — Le départ de « *Notre-Dame-du-Salut* » est fixé à dix heures. Dès six heures du matin je suis réveillé par des fanfares joyeuses ; la musique des zouaves accompagne

les officiers et les canonniers de la 38e batterie ;
bientôt après, la fanfare municipale de Philippeville se met de la partie et fait résonner tous
les échos de ses nombreux refrains.

Le général de Laroque monte à bord pour
serrer une dernière fois la main des partants.
Le maire de Philippeville offre aux officiers de
ravissants bouquets de violettes ; en une impro-
visation sympathique, aimablement tournée, il
nous souhaite un bon voyage et de nombreux
succès. Que ses vœux nous soient favorables !

Les amarres sont filées. Nous débordons.

Les habitants de Philippeville sont sur le
quai ; la musique s'est installée au pied du
sémaphore. Nous sortons du bassin ; les
ombrelles nous saluent, les mouchoirs s'agitent, s'élèvent, s'abaissent et, parfois, s'arrêtent en un geste précis au seuil des paupières
pâlies, comme pour y sécher des larmes...
Tout à l'heure, en fendant le flot mouvant de
la foule, j'ai remarqué les jolis minois de
fillettes au teint mat, aux grands yeux noirs,
troublants et vifs... Braves canonniers, si c'est
par votre faute que de tels yeux coulèrent de
telles larmes, vous fûtes de coupables, mais
aussi d'heureux mortels...

... Les traits des braves gens massés sur le
quai, tout à l'heure perceptibles, s'effacent, se

fondent ; les détails s'imprécisent ; la foule compacte se ramasse, perd, pour ainsi dire, de sa personnalité, forme un tout confus, une façon de boule mouvante qui elle-même, à mesure que nous nous éloignons, diminue au point de n'être plus maintenant qu'une chose menue, quelconque.

Philippeville, étroitement enserrée entre ses deux collines qui sembleraient vouloir l'écraser, fait l'effet d'une noix que vont briser deux pinces d'acier... Le bourg de Stora n'est plus qu'une vision vague, un imperceptible point...

... Le bateau met le cap à l'est ; nous voilà en pleine mer ; c'est à peine si quelques notes perdues de la fanfare parviennent jusqu'à nos oreilles.

... Nous saluons du pavillon ; un dernier regard, lourd de regrets, et Philippeville la coquette, l'ancienne Rusicada a disparu...

... A cette minute, je ne sais quelle vague tristesse m'a étreint le cœur, à le meurtrir, et, je ne sais pourquoi, non plus, encore qu'il fît grand jour et que le soleil dardât ses chauds rayons sur la mer bleue, comme il faisait nuit en mon âme, je me suis redit à moi-même lentement et dévotement le « Nocturne » si mélancolique, si prenant de l'exquis poète Jules Tellier :

« Nous quittâmes la Gaule sur un vaisseau qui partait de Massilia, un soir d'automne, à la tombée de la nuit.

« Et cette nuit-là et la suivante, je restai seul éveillé sur le pont, tantôt écoutant gémir le vent sur la mer, et songeant à des regrets, et tantôt aussi contemplant les flots nocturnes et me perdant en d'autres rêves... »

. . . .

En mer. — La mer devient mauvaise, sans pitié pour moi — pas plus que pour personne du reste. Ce maudit bateau roule, tangue. Pendant quatre jours, ce supplice dure. Je n'ai pas bougé de ma couchette, buvant de temps en temps quelques gorgées de thé.

Nous arrivons enfin en vue de Port-Saïd ; je vais pouvoir me remettre pendant la traversée du Canal de Suez.

23 Février. — **Port-Saïd**. — Je revois Port-Saïd pour la cinquième fois. C'est toujours la même ville sale, repoussante.

A peine débarqués, nous sommes assaillis par une nuée de drogmans, d'Arabes, de juifs, d'Italiens qui nous proposent depuis des allumettes jusqu'au... paradis de Mahomet, en passant par les cartes transparentes et les photographies obscènes.

Notre programme est fixé d'avance. Il faut tuer les quelques heures d'escale. Nous entrons à l'Eldorado, grand caravansérail où de malheureuses Valaques, Autrichiennes, Allemandes râclent sur des violons ou des violoncelles la *Marseillaise,* l'*Hymne Russe* et le *Père la Victoire.* Leur répertoire est essentiellement cosmopolite et il suffit d'entrer, porteur d'un uniforme français, russe, allemand, turc ou grec pour qu'aussitôt retentisse, sans pitié pour vos oreilles écorchées, l'hymne national du pays auquel vous appartenez.

Les « artistes » viennent d'être arrachées à leur sommeil, car il est à peine sept heures et demie du matin ; aussi est-ce sans conviction, en étouffant avec peine de lourds bâillements, qu'elles font « grincer » leurs instruments.

En sortant de chez les musiquantes, il est « classique » d'aller. visiter toutes les... maisons hospitalières, et elles sont nombreuses. Pour ne pas rompre avec la tradition. je suis mes camarades.

Ce sont d'affreux bouges, infâmes ; il s'en exhale, dès qu'on en franchit le seuil, une odeur indéfinissable, repoussante, venue des chambres et des salles où l'on boit ; toutes les langues du monde s'y parlent, s'y estropient

plutôt. Les prêtresses de ces temples sont tellement peu... ragoûtantes que, malgré une
longue sagesse, nous dédaignons leurs charmes
en lamentable offrande et sortons sans con-
sentir à sacrifier sur les autels de pareilles
Vénus.

Nous rentrons à bord. Un paquebot anglais
vient d'arriver de Southampton. De jeunes
misses, fraîches, mais coiffées d'un horrible
petit chapeau rond, enjuponnées dans un
fourreau de parapluie, grimpent sur des ânons
et vont faire une visite au village arabe. Quelques-uns d'entre nous sont émoustillés par la
vue de ces jeunes personnes, au teint non point
« *pâle comme un jour éteint* », ainsi que chante
Boukay, mais rappelant volontiers la pourpre
cardinalice d'une tranche de rosbif saignant.
Ces vaillants s'élancent à leur suite sur des
bourriquets étiques que leurs conducteurs
assomment de coups de bâton en jurant sur
Mahomet que leurs ânes dévorent l'espace et
qu'ils ont été montés par M. de Lesseps...

Le bateau fait son charbon. Le bord est
inhabitable; je suis donc forcé de rester à terre ;
j'entraîne deux ou trois de mes camarades et
nous allons nous installer à la terrasse d'un
café donnant sur l'avant-port.

Il y fait frais ; aussi, les deux heures qui

nous séparent de notre déjeuner s'envolent rapidement, cependant que nous dégustons un excellent café maure, en fumant des cigarettes turques.

Traversée du Canal de Suez. — « *Notre-Dame-du-Salut* » a fait de nouveau sa toilette. Je rentre à bord quelques instants avant le départ et la traversée du Canal commence. Comme c'est, je l'ai dit, la cinquième fois que je l'effectue, c'est très distraitement que je jette de temps à autre des regards à droite et à gauche. Je donne quelques renseignements aux officiers qui vont aux colonies pour la première fois. Je préfère m'enfermer dans ma cabine, fuir la vue de ces bords désolés où pas un arbre, pas un brin d'herbe, pas un oiseau ne viennent distraire le regard, où pas un souffle de brise ne rafraîchit l'atmosphère. Du sable, toujours du sable... plaine sans fin à laquelle les rayons aveuglants d'un soleil de feu donnent des reflets de fournaise.

Le bateau, à vitesse réduite, glisse au milieu de ce désert, sans bruit d'hélice, dans un silence de mort.

Ce paysage sans joie influe sur notre esprit ; les conversations se font rares, les mots s'arrêtent au seuil des lèvres sèches ; les bruits s'amortissent, s'éteignent, se meurent, et le silence éternel, l'immense et profond silence du désert, demeure seul, nous enveloppant de son lourd linceul gris.

... Et comme tombent les voiles du soir, fait de songe et de mystère, ces vers de je ne sais plus quel délicat poète chantent en ma mémoire :

> Voici que les Jardins de la Nuit vont fleurir,
> Les lignes, les couleurs, les sons deviennent vagues.
> Vois, le dernier rayon agonise à tes bagues,
> Ma sœur, entends-tu pas quelque chose mourir ?...

... « *L'heure douce s'éloigne sans secousse* », la nuit s'est faite et le silence éternel, l'immense et profond silence du désert, demeure seul...

De Port-Saïd à Ismaïlia, c'est le désert, toujours le désert.

Voici la petite oasis d'Ismaïlia, dont les palmiers et les tamariniers teintent d'un vert sombre l'océan de sable gris. C'est une trop rapide vision de verdure.

Encore vingt-cinq kilomètres environ et nous sommes aux Lacs Amers dont la traversée vient rompre de nouveau la monotonie du paysage.

Nous franchissons la dernière partie du

Canal ; les berges s'élèvent un peu ; quelques monticules arrêtent un instant le regard, la mer de sable moutonne...

Encore quelques milles et voici Suez ; ville banale, construite dans une plaine de sable, dont la seule curiosité est peut être le quartier de la ville arabe, dont beaucoup de maisons sont dans un tel état de vétusté qu'elles sont inhabitables et inhabitées. C'est à mon avis insuffisant, comme attrait.

Trois ou quatre bateaux à l'ancre attendent le moment propice pour entrer dans le Canal.... A notre gauche la dune de sable continue ; c'est la route désolée conduisant au désert de Pétra et suivie par Loti lors de son excursion.

A droite, s'étagent les contreforts du Djebel Attaka, contreforts dénudés, d'une teinte rouge ponceau, aux lignes nettement découpées, masse imposante où vient se heurter et se reposer le regard, fatigué de l'horizon sans limite, énervé par l'immensité grise de la mer de sable, jamais traversée d'un vol d'oiseau, jamais troublée d'un chant ou d'un appel, jamais agitée d'un mouvement...

... Notre première escale doit être Obock. Nous devons mettre six jours pour traverser la mer Rouge. Une fois de plus, cette mer veut faire mentir sa réputation ; il fait une chaleur très supportable et, alors que nous nous apprêtions à suffoquer, nous sommes étonnés de respirer librement et de passer sur le pont des soirées agréables.

Les flots de la mer Rouge sont moins agités que ceux de la Méditerranée ; aussi, je reprends toute ma gaieté et j'essaie de tuer les longues heures du bord, soit en jouant du piano ou de l'orgue, soit en organisant d'interminables parties de whist ou de dominos.

Ainsi s'écoulent lentement les six jours qui nous séparent d'Obock.

29 Février. — **Obock.** — Au dire des géographes, Obock est un des points les plus chauds du globe.

Sur une plaine de sable, s'élèvent quelques maisons bâties suivant le mode arabe, habitations aux murs très épais, surmontées d'une large terrasse.

Sur un plateau assez étendu, élevé de quelques mètres au-dessus de la mer, se dressent la maison du gouverneur, M. Lagarde, le télégraphe, la poste et deux cases mal construites ; ces cases servaient autrefois de casernes et abritaient vingt-cinq hommes d'infanterie de marine commandés par un lieutenant ; en 1890, elles ont été abandonnées.

Au nord de la plaine se trouve un pénitencier où sont enfermés des Chinois et des Annamites.

Obock avait été choisi comme dépôt de charbon pour être utilisé en cas de guerre avec les Anglais. L'île de Périm qui leur appartient ferme complètement au sud de la mer Rouge l'accès de l'Océan Indien. Il importait donc d'avoir dans l'Océan un point pouvant servir d'abri et de port de ravitaillement.

Mais, il convient de le dire, le choix qu'on avait fait d'Obock défiait tout bon sens, toute logique. En effet, les navires ne peuvent pas approcher du rivage à plus d'un mille et demi ; un banc de récifs fort dangereux leur interdit l'accès d'une rade exposée pendant six mois de l'année à la mousson nord-est.

De plus Obock est presque inhabitable pendant la moitié de l'année, quand souffle le kamsis ; ce terrible vent du désert inflige aux habitants un supplice presque intolérable.

Il a fallu dix ans pour reconnaître notre grossière erreur ; depuis trois ans, l'effort de notre colonisation s'est reporté à quelques milles plus au sud, à Djibouti, port plus sûr, route terminus des caravanes venant des villes de l'intérieur du désert, point baigné par une petite rivière et centre d'un commerce assez important de poudre d'or et de plumes d'autruches.

« *Notre-Dame-du-Salut* » doit rester huit heures à Obock.

Je descends à terre ; la marée est basse ; la pirogue qui nous amène ne peut accoster le long du warf. Notre situation est assez critique ; il va falloir patauger dans le sable mouillé, traverser de larges flaques d'eau.

Nous nous regardons tous, penauds, mais je sauve la situation en montrant une pièce blanche à quelques Somalis qui nous regardaient de la plage et n'attendaient qu'un signal. En quatre bonds ils sont sur nous, nous enlèvent comme des plumes, nous chargent, tels des ballots, sur leurs robustes épaules et nous transportent au pas de course sur un sol ferme, malgré les vociférations de plusieurs d'entre nous, peu rassurés et peu confiants dans ce mode de transport.

En ma qualité de vieux colonial je donne aux officiers de la guerre quelques renseignements sur Obock, et, tandis qu'ils vont visiter

les environs, je m'attable prosaïquement à la
terrasse d'un café, récalcitrant à toute promenade fatigante et à toute visite au village
Somali où de répugnantes Vénus hottentotes,
couvertes d'oripeaux éclatants, de verroteries,
de colliers faits de piécettes d'argent, les
oreilles et le nez traversés de cercles de cuivre
et d'or, offrent au pâle voyageur de misérables
joies d'un ordre tout spécial — encore que
très divers, si je puis dire — joies sévèrement
tarifées et dont le prix élevé n'est pas en rapport avec la médiocrité des charmes, sans
douté accueillants, mais tumultueusement
« encombrants », inesthétiquement fatigués,
surtout, des « prêtresses » de l'endroit.

Divin Horace, toi dont la langue hardie
brave toute timidité effarouchée, viens à mon
aide : sous l'égide de ton nom fameux, je
redirai avec toi pour m'expliquer plus « honnêtement » à quelqu'une des fatales beautés,...
non, des « ruines séculaires » d'Obock :

> *Rogare longo putidam te sæculo,*
> *Vires quid enervet meas ?*
> *Quum sit tibi dens ater, et rugis vetus*
> *Frontem senectus exaret ;*
> *Hietque turpis inter arida nates*
> *Podex, velut crudæ bovis...*

A peine suis-je assis que se présente à moi
M. M..., chargé par le gouvernement d'en-
rôler des porteurs pour l'expédition; il est
accompagné du lieutenant W...; tous deux
arrivent d'Aden, où ils se sont fait rouler de
main de maître par les Anglais, voici en
quelles circonstances, que me conte M. M...

Dès leur débarquement à Aden, M. M...
allait trouver le consul britannique et lui
demandait l'autorisation de recruter des coolis
et des porteurs; très obligeamment, le consul
donne son consentement.

Quelques jours se passent, le recrutement
marchait à merveille, chaque engagé avait reçu
une première mise d'une roupie et devait se
trouver, à date indiquée à Steamer-Pointe pour
embarquer à destination de Madagascar.

Huit mille francs d'avances furent ainsi
distribués. Le matin même fixé pour l'embarquement, le consul anglais invitait formelle-
ment notre agent à le différer tant que
lui-même n'aurait pas reçu de son gouvernement, mis au courant de la situation,
l'autorisation nécessaire.

Trois jours après le *Foreign-Office* avisait son
consul que les intérêts de la colonie d'Aden
ne permettaient pas de soustraire, pour un

laps de temps aussi long — une année — un aussi grand nombre de travailleurs.

Quant aux huit mille francs d'avances... argent perdu.

M. M..., non découragé par cet échec, pensait pouvoir recruter sur la côte Somali des porteurs lors de notre passage ; il se trouva, de ce fait, en lutte avec le gouverneur d'Obock, M. Lagarde, qui, lui non plus, ne voulait pas que les quelques porteurs, nécessaires au transport du charbon à bord, lui fussent enlevés (1).

Vers Majunga. — « *Notre-Dame-du-Salut* » ne doit plus faire escale. C'est donc douze jours de traversée qui nous séparent de Majunga.

Dans la nuit de notre départ nous doublons le cap Gardafui, point très redouté des marins et à juste titre, car il n'est pas de mousson où un vapeur ne vienne s'échouer et se briser

______

(1) J'ai su plus tard que M. M... avait à grand peine recruté cinq cents Somalis qui ont encombré les ambulances et les hôpitaux pendant la colonne. Pour arriver à ce « magnifique » résultat, M. M... et le lieutenant W... ont coûté à la France de 60 à 80 000 francs A ce prix-là, nous aurions pu avoir quelques bons mulets algériens de plus.

contre les rocs de ce Charybde de l'Océan Indien.

Les longues heures de traversée commencent pour nous, heures d'ennui, de désœuvrement. La chaleur est accablante, l'atmosphère chargée d'électricité ; les jours s'écoulent péniblement, d'autant que le carré que nous occupons est trop exigu ; il peut contenir vingt personnes... et nous sommes quarante-deux.

Prendre ses repas dans cette fournaise est un véritable supplice.

D'autre part le bateau est d'une saleté repoussante ; les odeurs qui viennent de l'avant sont nauséabondes ; cinq cents chevaux et mulets souillent constamment le pont et l'entrepont.

L'unique endroit où il soit agréable de passer quelques heures est la dunette de l'arrière où seuls les officiers ont le droit de stationner.

Là s'engagent d'interminables parties de dominos, de dames, de whist ; les chaises longues éparses reçoivent les paresseux et les nonchalants qui préfèrent lire ou rêvasser : je suis de ces derniers.

La mer est calme ; j'affectionne une place à proximité du pavillon qui flotte à la corne d'artimon ; j'installe ma chaise longue, per-pendiculairement à l'axe du bateau, et, bien que les trépidations de l'hélice soient assez désagréables, je jouis pendant de longues heures d'un spectacle grandiose, incessamment renouvelé, que l'œil ne se lasse jamais de contempler et d'admirer.

Ainsi s'écoulent, monotones, les heures de traversée ; mes interminables rêveries sont parfois troublées par les bonds joyeux d'une bande de marsouins que notre bateau rejoint et dépasse et dont les sauts et les gambades sont des plus réjouissants.

... Le ciel, par ces belles nuits tropicales, est d'une limpidité parfaite ; quelques officiers, un atlas à la main, cherchent le nom des diverses constellations ; au lieu d'admirer simplement ces mille clous d'or qui scintillent sous la voûte azurée et nous envoient une douce et délicate lumière, au lieu de se laisser bercer par la mollesse des flots, de se remplir l'âme d'harmonie, de respirer, paresseusement étendus, les parfums troublants et embaumés que nous envoie la brise légère, ils discutent, d'une façon assourdissante, sur la question de savoir si le Chien ou la Chèvre encadrent la Croix du Sud et si Orion est de première ou de deuxième grandeur.

Ces discussions qui m'arrachent à mes

rêveries et m'en gâtent le charme prennent cependant fin.

Une faible lueur éclaire seule le pont ; les bruits du bord s'apaisent, le silence se fait, le calme renaît.

Etendu sur ma chaise longue, je puis reprendre mon rêve solitaire, admirer les étoiles d'or, les flots qu'une brise légère borde d'une frange de fine dentelle...

... Heures tristes, heures douces, où les lointains et chers souvenirs vous reviennent en foule, vieilles et délicieuses reliques — qui sont l'âme du passé — enfouies sous la poussière de l'oubli, et dont la soudaine évocation fait couler des larmes sous la paupière baissée, larmes tristes, larmes douces... heures tendres...

... Et je m'endors en mon grand berceau flottant remué comme par une main invisible et maternelle...

Le 6 mars au matin on nous signale le cap d'Ambre, grande masse rocheuse qui se trouve au nord de l'île.

Nous grimpons sur le pont et, en effet, nous voyons à l'horizon grandir une masse informe, faite de rochers d'une teinte noire coupée de larges taches verdâtres et jaunes.

Nous suivons sur la carte les différents golfes, caps auprès desquels nous passons et ceux d'entre nous qui ont été à Diégo nous donnent sur la partie nord d'intéressants détails topographiques.

Pendant toute la journée la terre est constamment en vue ; dans l'après-midi, nous croisons la « *Romanche* », petit aviso de l'Etat qui assure le service du blocus.

Le 7, vers 6 heures du matin, nous arrivons à l'entrée de la baie de Bombetoke et à 10 heures nous mouillons à 1.500 mètres de Majunga.

Majunga est une pauvre petite ville bâtie le long de la côte et qui contient à peine quelques cases en briques et en pierres construites dans le style arabe ; une grande langue de sable s'étend à marée basse à l'est de la ville et sert d'accostage pour le débarquement.

Le « *Schamrock* » qui nous a précédés de trois jours a débarqué, en même temps que le général Metzinger, deux bataillons de tirailleurs algériens ; le matériel est à fond de cale ; et les moyens de débarquement sont très rudimentaires.

En rade se trouvent le « *Primauguet* », sous

les ordres du commandant Bienaimé, le
« *Gabès,* » qui vient de faire une reconnaissance
dans la rivière de la Betsiboka, le « *Ligny,* »
d'autres bateaux de commerce affrétés puis
d'innombrables boutres arabes.

La rade offre un aspect très animé ; les
canots, les baleinières, les boutres indiens et
arabes, se croisent en tous sens ; on dirait une
fourmilière.

« *Notre-Dame-du-Salut* » procède au débarquement de la compagnie du génie (commandant C...) et de la batterie L...

Nous qui devons former les cadres du bataillon Malgache, nous restons à bord ; l'ordre de
débarquer nous sera envoyé, paraît-il, ultérieu-
rement.

C'est donc en spectateurs désintéressés que
nous assistons au débarquement des hommes
et des mulets.

Vers cinq heures je descends à terre et fais
un tour de promenade dans Majunga, au fortin
et à l'observatoire Knott.

La garnison de Majunga se compose de deux
bataillons algériens, d'une batterie d'artillerie,
d'une compagnie du génie, de deux compagnies d'infanterie de marine et deux compagnies de Malgaches.

Le service médical et l'intendance organisent leur service particulier.

8 Mars. — Le 8 Mars au matin nous recevons l'ordre de débarquer de « *Notre-Dame-du-Salut* » pour nous embarquer sur le « *Schamrock* » qui se rend à Diégo-Suarez ; nous sommes destinés à compléter les cadres du 2e bataillon Malgache.

—

DEUXIÈME PARTIE

EN CAMPAGNE

—

9 Mars. — A la première heure, nous franchissons l'étroit goulet fermant le port de Diégo et pénétrons dans cette rade immense dont la profondeur, l'étendue, la sûreté, en font une rade comparable à celle de Rio-Janeiro.

C'est tristement que nous débarquons et jetons un coup d'œil sur Diégo, car l'aspect des rues de la ville et son ensemble ne sont pas faits précisément pour réjouir le cœur.

En outre de cela, nous avons une certaine inquiétude en ce qui concerne le sort qui nous est réservé, ignorant encore si nous prendrons une part effective à la campagne.

Nous sommes suffoqués par une chaleur lourde, insupportable, aveuglés par une poussière rougeâtre qui brûle la gorge, et c'est péniblement que nous gravissons le raidillon menant aux baraquements aménagés pour nous par les soins du commandant d'armes.

10 MARS. — A Diégo, le colonel G... organise le bataillon malgache et cherche à mettre un peu d'ordre parmi les éléments hétérogènes d'un recrutement trop hâtif.

Comoriens, Zanzibarites, Nosy-Béens, Macquois sont habillés, armés, instruits — à peine dégrossis serait plus exact — puis les compagnies formées et encadrées sont dirigées les unes sur Majunga, les autres sur divers points de la côte.

11 MARS. — Je suis désigné pour occuper le poste d'Ambodimadiro. Nous embarquons sur la « *Romanche* ».

12 MARS. — Le 12 nous débarquons à Ambodimadiro, petit village situé au fond de la baie d'Ampasindava. Le poste est occupé par un peloton d'infanterie de marine commandé par

un lieutenant et un peloton de Malgaches
commandé par un sous-lieutenant.

La région offre peu de ressources ; le village
et le rowa (poste) contiennent quelques mau-
vaises cases recouvertes de paillotes ; les loge-
ments sont insuffisants ; la fièvre palustre et
la dysenterie ont fait de nombreuses victimes
parmi les Européens et, d'après les renseignements donnés par le lieutenant M. . ., les
Hovas réfugiés et retranchés au village d'An-
karamy (à trente kilomètres au sud-est du
point que j'occupe) tentent sur le poste de
fréquentes attaques qui ont été heureusement
repoussées jusqu'à ce jour.

Ma mission est double. Je dois d'abord
instruire les indigènes nouvellement recrutés
et chercher ensuite à attirer dans nos rangs
les habitants de la région en les engageant
soit comme soldats soit comme travailleurs.

13 Mars. — Je suis désespéré. Une invincible mélancolie m'envahit. Je ne puis m'empêcher de songer que, pendant que mes
camarades se battent aux environs de Majunga,
de Marovoay, je suis dans un coin perdu de la
côte, en un poste abandonné depuis 1886.

Je me raidis. Que diable ! Je ne puis oublier
qu'un soldat doit être philosophe, qu'il n'est

pas pour lui de mince sacrifice, de médiocre tâche, lorsque le but commun est glorieux, qu'il doit faire abnégation de ses plus hautes aspirations et que d'en faire sans murmure le sacrifice est encore une façon de servir sa patrie.

Il faut faire contre mauvaise fortune bon cœur et tâcher de tirer de la situation présente le meilleur parti possible.

J'ai sous mes ordres un peloton de soldats d'infanterie de marine commandé par un lieutenant et une cinquantaine de Malgaches encadrés par des Européens.

Le « *Dumont-d'Urville* », aviso de l'Etat, mouille à quelques milles de mon poste et a pour mission de me protéger, de me ravitailler et de transporter les indigènes que je pourrai recruter, soit comme travailleurs, soit comme soldats.

L'immense étendue de pays qui s'étend de la pointe de Nosy-Komba jusqu'auprès de Majunga est divisée en une série de principautés dont les plus importantes sont sous la domination d'un roitelet, le roi Tsiaras et de la reine Binao ; c'est à ces deux « majestés » qu'il me faudra m'adresser pour recruter mes soldats et mes travailleurs.

Les mois d'avril, de mai et de juin s'écoulent sans joie. Aucun incident marquant à signaler durant ce laps de temps où les jours succèdent aux jours, toujours pareils, mortellement ennuyeux et monotones.

Malgré mes promesses, mes offres de primes de cent et trois cents francs, malgré les trésors d'éloquence dépensés la plupart du temps en pure perte, j'arrive difficilement à faire comprendre aux sujets de Tsiaras et de Binao que le suprême bonheur, pour eux, est de quitter leurs foyers pour aller se faire tuer par les Hovas ou travailler à la construction de la route qui doit nous conduire à Tananarive...

. . . .

2 JUILLET. — Le « *Dumont d'Urville* », venant de Nosy-Bé, m'apporte, parmi de nombreux plis officiels, l'ordre de me rendre à Majunga pour prendre le commandement d'une compagnie du bataillon Malgache.

A cette nouvelle, je bondis chez le mercanti du poste et je rafle tout ce que sa boutique contient de boisson innomable vendue sous le nom de champagne. Le mercanti exagère... Qu'importe ! Les bouchons sautent... Le

pseudo-champagne pousse l'audace jusqu'à
pétiller... C'est sans regrets que je quitterai
ce vilain trou d'Ambodimadiro qui laissera
dans mon souvenir, j'en ai la conviction, peu
de souvenirs essentiels !

3 Juillet. — Je quitte Ambodimadiro pour
Nosy - Bé ; à Hellville, il me faudra attendre
jusqu'au huit juillet pour prendre « l'annexe »
des Messageries, la « *Manjaka* » qui me conduira
à Majunga.

Je serre la main des officiers du poste et
m'embarque sur le « *Dumont d'Urville* » qui
me mène en quelques heures à Nosy-Bé.

Aussitôt débarqué, je rends visite à l'admi-
nistrateur M. J... F... qui me fait un accueil
fort aimable. Je vais ensuite m'installer dans
une case très confortable mise gracieusement
à la disposition des officiers de passage.

Mon séjour à Nosy-Bé est marqué par de
copieuses « noces » faites tantôt chez l'admi-
nistrateur, tantôt avec les officiers du «*Dumont*».
Festins joyeux, excursions en bande et le soir
poker, soirées musicales, soupers, etc... mille
folies... Ohé ! ohé ! En vérité nous nous
amusons comme de grands échappés de collège.

Journées et nuits passent comme un songe et c'est avec regret que je vois arriver trop rapidement le moment de mon départ pour Majunga.

8 JUILLET. — Je dois partir à midi à bord de la « *Manjaka* ». Le « *Dumont* » appareille pour Ambodimadiro ; je fais mes adieux aux aimables officiers du « *Dumont* » ; tandis que nous sablons le champagne, ils me félicitent de prendre une part active aux opérations du corps expéditionnaire et m'adressent mille vœux sympathiques. Je vais ensuite présenter mes respects au commandant N... ; puis le youyou du bord me conduit jusqu'à l'« annexe ».

... En passant je vois se prolonger la superbe allée de manguiers d'Hellville qui a souvent retenti du bruit de nos rires et de nos chants.

... La « *Manjaka* » et le « *Dumont d'Urville* » ont débordé ; ils sortent ensemble de la rade ; à hauteur de Nosy-Komba ils se touchent presque ; derniers adieux échangés avec les excellents camarades quittés tout à l'heure, un salut au commandant N..., qui, du haut de la passerelle, agite sa casquette galonnée ; et les deux bateaux se séparent suivant chacun sa route. Le sanatorium de Nosy-Komba disparaît à l'horizon et nous cinglons vers Majunga.

Cet affreux petit rafio qu'est la « *Manjaka* » roule comme un tonneau ; redoutant les familiarités du mal de mer, je disparais dans ma cabine. Hélas ! mes craintes n'étaient pas vaines... Nuit atroce !

9 JUILLET. — Voici de nouveau Majunga. A onze heures nous stoppons. Les fatigues de la nuit précédente m'ont courbaturé ; je suis veule et mou comme une chiffe. Mais tout cela se dissipe, une fois descendu à terre ; le « plancher des vaches » m'a rendu dispos. En débarquant je rencontre deux de mes compagnons de voyage de « *Notre-Dame-du-Salut* » le Docteur R... et le commissaire de la marine L... Je cause avec eux quelques instants et les quitte pour aller à la Place régler ma situation, non sans leur avoir promis de venir partager leur déjeuner.

A la Place je retrouve comme major de garnison le commandant A..., que j'ai beaucoup connu à Rochefort et auprès de qui je prends les renseignements nécessaires à mon embarquement du lendemain. Je suis ensuite présenté au colonel B..., petit homme sautillant, nerveux, dont la mission consiste à organiser les services de l'arrière depuis Majunga jusqu'à Ankabok.

Mes papiers sont en ordre, mes malles déposées chez le docteur R...; je suis prêt. En attendant l'heure du dîner je monte prendre l'apéritif au cercle où je fais la connaissance d'un aide-major qui part le lendemain matin pour Ankabok par le même bateau que moi, la « *Marie-Louise* ». Au cours de notre conversation, je suis amené à demander à mon aide-major des renseignements spéciaux sur les débuts de la campagne qu'il a suivis. Possédant les fortes qualités de notre vieille race française, nous ne manquons pas, naturellement, mais à juste raison, hélas ! de critiquer amèrement tout ce qui s'est fait jusqu'ici. Par suite du manque d'organisation, les constatations suivantes ont pu être faites : moyens de débarquement défectueux, warf insuffisant, nombre de chalands trop restreint, services de santé déplorables, etc...

Premiers résultats : le 200me régiment d'infanterie de ligne est sur le flanc, les hôpitaux regorgent de malades à l'égard desquels le commandement hésite à prendre la seule décision pratique et rationnelle qui serait l'évacuation par transport et le retour en France.

... Dîner des plus gais, des plus animés, en compagnie de R... et de L..., suivi de la « balade » traditionnelle dans tous les « caboulots » de Majunga. Les bocks succèdent au champagne, le champagne aux bocks ; nous devenons lyriques ; je sens que je vais raconter mes campagnes... Il est minuit ; il faut rentrer, car je tombe de sommeil.

R... m'a fait préparer un lit confortable ; je m'endors, rêvant d'exploits futurs et, les fumées du champagne aidant, ne voilà-t-il pas que je monte à l'assaut du Palais d'Argent ! Je fais prisonnière la reine Ranavalo III qui, pour racheter sa liberté, va jusqu'à m'offrir sans pudeur tous les charmes de son corps... olivâtre. Je m'éveille... au moment où j'allais peut-être céder.

Il est huit heures. La « *Marie-Louise* » part à midi.

10 JUILLET. — La « *Marie-Louise* », goëlette à voile grosse comme une noisette, m'attend au pied du warf. J'embarque et je retrouve l'aide-major rencontré la veille. Un bateau

anglais, le « *Gerthic* », vient nous chercher
pour nous remorquer jusqu'à Ankabok. Le
signal du départ est donné. Nous sommes
en route ; nous traversons diagonalement la
baie de Bombetoke ; peu à peu, Majunga fuit
sous nos yeux, puis s'efface tout à fait . . . A
deux heures nous entrons dans la Betsiboka,
rivière au cours rapide, au lit vaseux, sablonneux, mouvant, dont les eaux, très basses à
cette époque de l'année, charrient sans cesse
du limon et de la vase.

Les berges sont peu élevées, bordées de
palétuviers, de bambous enlacés, de lianes, de
grands arbres touffus. Ce paysage ne manque
certes pas de beauté et de pittoresque, mais il
est d'une tonalité par trop uniforme ; le vert,
un vert vif, éclatant, y domine à l'excès, à
l'exclusion d'autres teintes plus douces, plus
fondues, qui le rendraient harmonieux ; le
regard se fatigue à la longue de cette « monotonie » que vient rompre seulement parfois
l'éclair — rouge, bleu, blanc ou jaune, si je puis
dire — d'un vol rasant de merveilleux oiseaux
de marais au plumage étincelant.

:..Notre grande préoccupation est de savoir
si nous échouerons ou non. La navigation de
la Betsiboka, en général difficile, l'est parti-

culièrement en ce moment vu ses basses eaux. Les bancs de sable barrent trop fréquemment et presque complètement le lit du fleuve, ne laissant qu'un étroit chenal fort délicat à suivre.

Nous• « talonnons » deux ou trois fois, sans échouer par bonheur, et, à sept heures et demie du soir, nous sommes à hauteur d'Ankabok. Une vedette vient nous prendre et nous débarquons.

Je me. rends tout de suite auprès du commandant d'armes, le chef d'escadrons de la G...., personnage hautain et légèrement infatué de sa personne, qui examine mes papiers avec des attitudes de grand seigneur.

A mon arrivée, les officiers du 200e dont était entouré le commandant d'armes s'étaient dressés comme un seul homme. Je me nomme; accueil glacial; ces excellents « camarades » paraissent craindre que je m'impose à eux pour partager leur dîner.

Je ne serai pas ce convive indiscret, d'autant que l'aimable aide-major a su prendre les devants; je vais le retrouver et je suis présenté à de nombreux médecins plus ou moins galonnés qui tous me reçoivent d'une façon charmante. Mon nom éveille chez l'un d'eux,

le Docteur E...-D..., de sympathiques souvenirs; il a connu mon père et mon oncle; je
ne suis donc plus tout à fait un étranger. La
glace se rompt, la conversation se fait amicale,
les confidences s'échangent ; les membres du
corps de santé se livrent et finissent par
m'avouer que l'état sanitaire est très mauvais.

Le 200ᵉ a perdu son chef, le colonel Gillon,
mort de la dysenterie ; les compagnies sont à
des effectifs réduits; les hommes, sans vigueur
morale, abattus par les trouées faites dans
leurs rangs, par la fièvre et la dysenterie, ne
sont plus des soldats ; les officiers eux-mêmes,
il faut malheureusement le dire, la plupart
mariés ou désignés par le sort, ne semblent
point se préparer à affronter, avec toute l'énergie désirable et nécessaire, les dangers d'une
campagne dont les préliminaires ont été mar-
qués par de si pénibles incidents. Et cet état
d'esprit, en ce qui concerne les officiers, est
extrêmement triste à constater.

Le dîner terminé, l'aide-major qui s'est fait
mon guide pousse l'amabilité jusqu'à me céder
sa tente ; j'accepte sans scrupule son hospitalité et m'endors, en un lit confortable, du sommeil du sage.

La chaloupe que je dois prendre part demain
à midi.

11 Juillet. — A onze heures, mes malles transbordées, je me présente au lieutenant de vaisseau T..., commandant de l'« *Infernale* », grande canonnière qui fait régulièrement le voyage d'Ankabok à Ambato et dont le service consiste à remorquer deux chalands d'approvisionnements à destination de Marololo.

Le lieutenant T... est un petit bonhomme tout rond, tout replet, fortement mâtiné de gascon ; très charmant, du reste, et c'est avec une grande affabilité qu'il me fait les honneurs de son bord.

Comme nous tous, il se plaint de la lenteur apportée au montage des canonnières, car, depuis longtemps, Ambato et Suberbieville auraient dû être largement approvisionnés par la voie fluviale.

Ces deux grands centres pourvus à temps de vivres et de matériel, il aurait été permis au corps expéditionnaire de séjourner moins longtemps dans la province du Boina ; nos braves troupiers n'auraient point respiré au milieu des marais les microbes du paludisme (1).

A partir d'Ankabok, la Betsiboka change d'aspect ; les rives sont plus escarpées ; les

(1) Le paludisme devait, quelques mois plus tard, réduire nos effectifs de cinquante pour cent.

pelétuviers, devenus rares, sont remplacés par de grands arbres enlacés par des lianes ; les joncs et le bambou y poussent, alternés, à foison ; de larges îlots de sable jettent une note grise sur l'immense tapis vert s'allongeant indéfiniment.

De hautes collines dominent le cours du fleuve dont les nombreux méandres offrent à la vue du voyageur des paysages sans cesse renouvelés ; ils revêtent tour à tour un caractère de molle douceur ou de sévère beauté ; et ces aspects divers, tourmentés, imprévus, surprennent, ravissent et captivent longuement le regard émerveillé. Les oiseaux de marais sont plus nombreux, moins sauvages; leur vol rapide, scintillant des mille couleurs de leur éblouissante parure, effleurant l'eau d'une caresse fugitive, ajoutent de la vie et de la grâce légère à cette nature prestigieuse. La cime des arbres se neige de la blancheur des aigrettes et, le long des rives, s'ébattent des centaines de pintades, insoucieuses du sifflement des balles de nos fusils...

D'immenses caïmans se vautrent sur le sable des îlots ; ils y « lézardent » voluptueusement, en faisant claquer leur gigantesque mâchoire. C'est sur ces horribles et repoussants reptiles, transformés en cibles vivantes, que nous exerçons notre adresse de tireurs ; plusieurs, le corps traversé de nos balles, sont atteints mortellement ; ils essayent, en un suprême effort, de regagner l'élément liquide ; ils agitent désespérément leur queue et leurs pattes en forme de moignons ; quelques secousses encore et la mort qui les guette les fait à jamais immobiles ; je fais dans leurs rangs une dizaine de victimes.

Cette chasse « passionnante » égaie notre voyage et fait paraître les heures moins longues.

Bientôt le soleil tombe. N'ayant pu atteindre Ambato, nous devons stopper, la navigation de nuit étant impossible. Nous jetons l'ancre à proximité d'une berge escarpée, dans un creux de la rive,

Pendant que le dîner s'apprête, j'installe mon lit sur le pont.

A table ! Le lieutenant T... a très bien fait les choses. Le dîner qu'il nous offre est succulent à souhait et dignement arrosé d'un vieux vin de France. Le repas est joyeux, coupé de conversations sans fin et empreintes d'une franche cordialité.

... L'heure du repos est venue. Je regagne mon lit et cherche à m'endormir ; c'est de l'ambition de ma part ; malgré ma mousti-

quaire, une nuée de bestioles s'abat sur moi ;
bourdonnants, agiles, obstinés, féroces, les
maudits moustiques me livrent un combat
acharné ; encore que s'en révolte et s'en
humilie mon cœur de soldat, je suis dans
l'obligation de capituler, de leur céder ma
place et n'ai d'autre ressource que de fuir
honteusement et d'aller me promener sur le
pont de l' « *Infernale* » ou sur les chalands à sa
remorque...

... La nuit est calme, d'un calme profond,
absolu. Le courant, amorti par un coude du
fleuve, vient mollement frapper l'avant de la
chaloupe, avec un murmure très doux, le
murmure, le gazouillis d'un ruisseau coulant,
tranquille et pur, au travers d'une verte
prairie. Vers minuit, une brise légère s'élève ;
les feuilles des bambous s'agitent, les longues
tiges s'ébranlent, les troncs flexibles se courbent en cadence, un sifflement rythmé bruit
mystérieusement ; c'est une harmonieuse sym-
phonie, d'un charme étrange, inconnu, un nocturne plaintif, presque douloureux ; le chant
des arbres aux cimes élevées ajoute sa note
grave ; puis ces ondes sonores se condensent, se
fondent et l'on dirait des milliers d'ailes remuées
lentement par de grands oiseaux invisibles.

Le ciel est d'une admirable pureté ; les

constellations brillent, l'hémisphère sud, plus constellé que l'hémisphère nord, forme au-dessus de ma tête une voûte immense où l'œil ne distingue pas une tache sombre ; à peine la voie lactée, de sa longue traînée, atténue-t-elle l'éclat des étoiles sans nombre que son voile diaphane voudrait nous dérober.

Le sentiment que j'éprouve est tel que je ne sais plus si je dors ou si je suis éveillé ; devant moi, comme en un songe, glissent de pâles et blancs fantômes, silhouettes évanouies, images errantes de mes rêves défunts ; devant ce spectacle de l'éternelle nature, dont je ne puis fixer l'immatérielle et pourtant si puissante beauté, je sens mieux combien vains et puérils sont les gestes, les actes de l'homme ; en une humilité retrouvée, qui serait la véritable sagesse si elle était permanente, je sens plus profondément qu'à l'égard de cet infini, je ne suis, selon le mot de Pascal, qu'un néant !

Ainsi, je reste longtemps sous l'impression de cette nuit d'une étrange douceur, tantôt remplissant mes yeux de lumière diffuse, tantôt les reportant, presque éblouis, sur les objets d'alentour, qui, à demi noyés d'ombre, prennent de gigantesques proportions, affec-tent des formes bizarres, indécises, fuyantes, terrifiantes, dont la vue fait passer dans les moelles comme un frisson d'effroi.

... Le sommeil finit par me gagner et m'arrache à ma contemplation.

12 JUILLET. — Le soleil s'est levé. L' « *Infernale* » reprend sa route. Deux heures après, je débarque à Ambato.

Après bien des difficultés, je trouve le « rowa ».

Le général Voyron y est installé depuis quelques jours. Je vais me présenter à lui ; il me fait un accueil fort aimable et me retient à déjeuner, en compagnie de D..., de R... et de l'intendant X...

A quatre heures, le bataillon D... arrive ; je retrouve quelques bons camarades. R... me prie à dîner avec lui ; durant le repas, il me confirme les renseignements que j'ai déjà recueillis et me donne de nouveaux détails sur les difficultés rencontrées dans le Boina. L'état sanitaire est mauvais, les hommes sont éreintés par les travaux de route, grelottent de fièvre. Ils peuplent les ambulances, les infirmeries et les hôpitaux.

13 JUILLET. — A quatre heures du matin, je plie ma tente et charge mes bagages sur un mulet ; puis, *pedibus jambiscum*, je franchis l'étape Ambato-Ankatsaka.

A dix heures, j'arrive éreinté ; j'ai marché pendant six heures sur un sol sablonneux où j'enfonçais à chaque pas ; nous avons dû traverser une véritable forêt de bananiers, où d'énormes moustiques s'abattaient sur nous au moindre arrêt.

A Ankatsaka, je rencontre le commandant B...-C... qui commande le 1er bataillon du 13e régiment et G..., son adjudant-major.

Je déjeune sur le pouce et repars par une chaleur accablante pour arriver vers cinq .heures au poste optique où je trouve le commandant L... et B..., un de mes camarades de promotion.

Mes bagages m'ont suivi sans encombre ; j'installe mon lit et, très prosaïquement, je goûte un repos bien gagné.

14 JUILLET. — Je pars, à six heures du matin, en compagnie de B... pour Fonhala où se trouve l'état-major de mon bataillon. Dès mon arrivée j'ai le plaisir de rencontrer

N... avec qui je déjeune, remettant ma visite au commandant à l'après-midi.

A quatre heures, je me présente au commandant G..., le grand chef des Sakalaves.

Le commandant revient de la chasse aux pintades, tout couvert de sueur ; il demande bruyamment au docteur F... de lui prêter son tub ; il entre dans sa tente, où, sur son ordre, je le suis et apparaît bientôt dans le costume primitif de notre premier père ; il se plonge dans l'eau froide, y glousse, tousse, éternue, cependant que son petit corps s'agite, frétille, sautille, se démène éperdument ; son tub pris, il appelle ses *boys*, puis raconte avec force gestes ses exploits cynégétiques, et finalement se calme dès qu'on lui a apporté à boire.

Voir pour la première fois son commandant

.... dans le simple appareil
D'une beauté qu'on vient d'arracher au sommeil

n'est guère banal et n'inspire pas un immédiat et souverain respect. A première vue il m'apparaît que mon chef de bataillon ne doit pas posséder outre mesure « cette perpétuelle réserve, dont parle Alfred de Vigny, à laquelle est contraint tout homme exerçant une autorité absolue. »

Après un échange de quelques paroles, je prends congé du commandant G...

J'assiste le soir à un dîner offert à quelques officiers par l'enseigne C... à bord de sa canonnière. Parmi les convives, je remarque un assez singulier personnage déjà entrevu, le commandant Z...

Il ne fait que parler de lui, de lui toujours ; le récit de ses exploits au Tonkin, des actes d'atrocités dont il se vante font frémir le malheureux enseigne qui ne peut pas croire à tant de froide et consciente cruauté et paraît presque regretter d'avoir admis à sa table ce bonhomme tumultueux, d'extériorité pacifique et cordiale et d'un tempérament — du moins il s'en vante sans vergogne — plus sanguinaire que celui de feu Néron.

Tirer gloire et vanité d'actions sans éclat, sans grandeur, parler de soi en termes tels qu'ils indisposent — malgré toute la bienveillance et le respect dont ils sont susceptibles — les gens avec qui l'on cause, n'avoir d'autre visée à leur égard que de prétendre leur en imposer par le stupide

étalage d'une apparente supériorité et considérer — ou feindre de considérer — leur
silence poli et obligé comme une approbation
admirative ou comme une reconnaissance naturelle des vertus dont on se pare, sont le fait
d'un petit esprit, médiocre et faux.

Ce dîner — un peu pénible — prend fin ; les
fumées des excellents vins ont un peu épaissi
la langue verbeuse de notre héros qui éprouve
un vif besoin de sommeil réparateur. Nous
prenons congé de notre charmant hôte ; je
serre amicalement la main des convives, en
particulier celle du Docteur F..., dont la froide
indifférence, au milieu des déclamations du
commandant, m'avait frappé, au cours du
repas. Je ne puis même en le quittant m'empêcher de lui en faire part discrètement.

— Peuh ! me fait-il tranquillement, tandis
que ses lèvres esquissent un demi-sourire.

Ce « peuh ! » lancé négligemment, d'un ton
flegmatique, ce sourire pincé, lourd d'ironie,
ont leur savoureuse éloquence.

15 Juillet. — Ma compagnie campe à quelques kilomètres de Marocate, dans un endroit
appelé par nous le « camp des Perroquets ».
Parti à sept heures du matin, j'arrive à dix

heures après avoir traversé un pays d'un intérêt relatif, immense plateau dénudé, caillou-
teux, où Kabyles et Sakalaves, la pioche en
main, travaillent à la trop fameuse route.

Je suis reçu cordialement à mon arrivée par
P..., S..., F..., le Docteur St-G... et mes
deux officiers, D... et R... De multiples ques-
tions me sont posées auxquelles je réponds de
mon mieux pour satisfaire à la légitime curiosité de mes camarades; à mon tour je les
interroge et j'apprends que vers le 18 ou le 20
la brigade de marine doit se concentrer, puis,
par étapes régulières, dépasser la brigade de
guerre (brigade Metzinger), à ce moment
bivouaquer et travailler à la route. Renseigné
momentanément sur l'avenir, je m'occupe du
présent et prends « sur le papier » le commandement de ma compagnie, me réservant
de la passer en revue minutieusement le lendemain.

16 JUILLET. — Mes hommes sont à l'exercice.
J'examine d'abord leur tenue. Leur uniforme
se compose d'un pantalon bouffant, semblable
à celui des Turcos, d'un veston de toile, cou-
leur cachou, agrémenté de parements jaunes,
d'une ceinture rouge et d'une chéchia qu'ils

ne savent pas porter avec le chic et la crâne-
rie de nos anciens zouaves. Ils sont armés du
fusil 1886. Leur tenue de campagne se complète par une couverture de laine et une toile
de tente, le tout roulé et porté en sautoir.
Pour la nuit, ils sont autorisés à porter un
paletot de molleton, du modèle adopté pour
nos marsouins, et un collet à capuchon en
usage dans les bataillons alpins.

Le commandement leur a fait distribuer des
sandales en cuir, mais elles sont si peu prati-
ques, d'un modèle si défectueux, que presque
tous préfèrent marcher nu-pieds.

Les compagnies sont formées de trois éléments divers : les Sakalaves, les Comoriens et
les Zanzibarites. Toutes les variétés du noir
sont représentées, depuis le noir d'ébène propre aux Zanzibarites jusqu'au noir marron particulier aux Nosy-Béens et aux habitants de la
Grande-Terre.

Le contingent se compose, en partie, d'un
ramassis d'esclaves, de « vauriens » originaires
de Nosy-Bé, de Diégo-Suarez et de quelques
villages de la Grande-Terre. Suffisamment
frottés à notre civilisation, ils n'en ont retenu
que des habitudes d'intempérance et de débau-
che ; ils sont lâches, paresseux, menteurs et,

s'ils obéissent, c'est surtout qu'ils craignent une punition corporelle ou une retenue sur leur solde ; ils sont incapables de dévouement ou même d'attentions quelconques. En un mot, pour eux, nous sommes le maître blanc qu'il faut servir parce qu'il paie généreusement et qu'il peut frapper fort.

Dans ma compagnie, quatre types dominent : Sakalaves, Macquois, Zanzibarites, Comoriens.

Les Sakalaves et les Macquois n'offrent dans leur physionomie générale, dans leurs traits, rien de particulièrement saillant.

Le Zanzibarite est d'un noir d'ébène ; il a le nez fortement épaté, la bouche lippue, les traits accentués, les cheveux crépus ; sa taille est élevée ; ses membres sont solides, bien charpentés. Assez intelligent, l'esprit suffisamment assimilateur, aimant par atavisme à brûler de la poudre, il est susceptible de faire un soldat vigoureux, résistant, bon marcheur.

Le Comorien de nôtre recrutement, qu'il ne faut pas confondre avec le véritable habitant des Comores, est un esclave abâtardi, mélange d'indigènes et de négresses macquoises enlevées à la suite de razzias faites sur la Grande-Terre.

Dégénéré par un long et abrutissant esclavage, le Comorien offre tous les indices d'une espèce qui ne tardera pas à disparaître. Ses membres sont grêles, sa taille est petite, sa physionomie fine, son regard clair ; l'ovale du visage ne manque pas de pureté. La faiblesse de sa constitution tient surtout à son alimentation. De religion musulmane, le Comorien ne mange naturellement pas de porc ; il dédaigne du reste toute espèce de viande et la plupart du temps, soit par paresse, soit par insouciance, se contente pour toute nourriture de noix de coco que les îles fournissent en abondance, de quelques bananes ou encore de cannes à sucre, de riz cuit.

Il en résulte que la moindre fatigue l'abat ; il ne peut supporter ni le froid ni la trop forte chaleur ; aussi, impropre qu'il est à n'importe quel travail fatigant, c'est un soldat déplorable, un élément à proscrire à jamais du recrutement de nos tirailleurs malgaches.

Voilà l'instrument que nous aurons à manier.

Il convient d'ajouter que trois interprètes sont nécessaires, car la langue parlée à Zanzibar diffère sensiblement de celle parlée aux Comores et les Comoriens, de même que les

Zanzibarites, ne comprennent pas ou comprennent peu les Malgaches.

De ces éléments aussi disparates il faudra faire un tout ; ce troupeau, il faudra l'organiser, l'instruire, le discipliner ; de ces hommes si dissemblables, de mœurs si différentes, de langues si étrangères l'une à l'autre, il faudra faire des soldats.

Pour arriver à ce but, qu'avons-nous comme cadres subalternes par compagnie ? Douze sous-officiers européen et quelques gradés indigènes, ces derniers à peine dégrossis, comprenant médiocrement le français, sans instruction militaire, sans autorité et nommés pour faire face aux exigences du moment.

Aussi, en pensant que nous rencontrerons peut-être des adversaires sérieux, résolus à se défendre énergiquement, nous craignons qu'il ne soit alors difficile de conduire au combat, de maintenir, sous un feu violent, ce troupeau noir si diversement composé, où j'ai déjà pu distinguer des brebis galeuses.

Je rentre de mon inspection assez inquiet, car, sur mes 150 hommes, 25 ne sont pas instruits du tout ; le reste a reçu une instruction incomplète, sans méthode. Aucun d'eux ne connaît le fusil modèle 1886 ; jamais ils n'ont fait de tir avec cette arme qui leur a été distribuée au mois d'avril en échange du fusil 1874.

Toutefois une pensée me vient qui me rassure un peu et dissipe en partie mes inquiétudes, c'est que nos adversaires seront plus mal instruits encore que nos hommes, qu'ils seront menés au combat, sans guide, sans chef. Nous aurons toujours l'avantage énorme d'un solide encadrement.

18 JUILLET. — J'abandonne le « camp des Perroquets » pour aller bivouaquer à dix kilomètres plus au nord, aux « Hauteurs dénudées ». En y arrivant à la tête de ma compagnie, je rencontre le général Voyron ; il m'indique l'endroit où doit bivouaquer mon bataillon.

Je m'installe, réservant pour les deux autres compagnies que je précède un emplacement suffisant.

Les popotes s'organisent ; notre cuisinier, le fidèle Saleh', place ses fourneaux et bientôt le déjeuner nous est apporté par Bakiaraly, notre jeune maître d'hôtel.

Notre repas, dégusté d'un robuste appétit, se compose d'un morceau de viande froide, d'un plat de julienne et d'un rôti de bœuf, le

tout arrosé d'un verre de vin et d'une tasse
de café. Le bœuf est dur, le vin peu abondant,
mais bah ! le cœur est léger, l'estomac rempli,
le moral solide.

Mes deux lieutenants, jeunes Saint-Cyriens
tout frais émoulus de l'école, sont enthousiastes
de leur première campagne et partagent avec
moi l'espoir que nous allons bientôt marcher de l'avant. Nous faisons mille projets,
heureux de voir se concentrer la brigade de
marine, fiers d'avoir à dépasser la brigade de
« biffins ».

Mais hélas ! si nous devançons les troupes
du général Metzinger, ce ne sera pas pour
combattre, ce sera pour continuer la construction de la route ; ce n'est point des coups de
fusil qu'il va falloir donner mais des coups de
pioche.

Nous essayons quand même de nous persuader que c'est utile, qu'il y a là une question
de vie ou de mort pour le corps expéditionnaire
et cette pensée nous console à l'avance des
longues heures d'ennui et d'énervement que
nous aurons à passer sous un soleil torride, à
surveiller nos hommes fouillant et « damant »
la terre.

19 Juillet. — Nous séjournons aux « Hauteurs dénudées » pour attendre la fin de la concentration de la brigade. A huit heures du matin, un de nos grands chefs, en inspectant les bivouacs, trouve que le nôtre est mal établi et donne l'ordre de le changer.

Nous voilà obligés de perdre trois heures pour effectuer notre « déménagement » ; il faut démonter les tentes, reporter les outils, trouver de nouveaux emplacements pour les fourneaux, etc. Nous transportons le tout à 150 mètres plus à droite, dans un terrain couvert de brousse sèche que les hommes ont été obligés de couper par crainte des incendies.

Ce travail — dont j'estime l'exécution parfaitement inutile, notre première installation étant à mon sens très suffisante — nous énerve et cet énervement, que nous réprimons de notre mieux, ne laisse pas de gagner nos sous-officiers et nos hommes dont la mauvaise humeur est manifeste (1).

L'après-midi, vers quatre heures, je monte à cheval pour reconnaître la route du lendemain ; je parcours les différents bivouacs et

(1). Chefs, retournez, tel le sage, votre langue sept fois dans la bouche, avant de donner un ordre dont la nécessité n'est point immédiate et dont l'urgence n'est pas démontrée.

Combien de fois n'ai-je pas remarqué, au cours de la

cherche, mais en vain, un peu d'ombre et de fraicheur.

Les « Hauteurs dénudées » ne sont, aussi loin que puisse s'étendre le regard, que de vastes plateaux couverts d'une herbe rase et sèche ; pas un village, par une rizière ; de rares boqueteaux enclavés dans d'étroits thalwegs ne parviennent pas, malgré l'éclat de leur verdure, à jeter une teinte claire et gaie sur ces immenses étendues d'un jaune sombre et triste, sur ce désert où de grands arbres calcinés, tordus, vestiges d'incendies solennels, semblent honteux de se trouver là, parsemés et misérables.

20 Juillet. — Départ du bataillon à quatre heures du matin pour Marololo. A huit heures nous traversons le pont de la Betsiboka.

Ce pont, construit par les sapeurs du génie,

campagne, un manque absolu de mesure, un emballement excessif, même un affolement que les circonstances du moment ne pouvaient excuser, affolement qui ne tardait pas à se communiquer à tous les degrés de la hiérarchie et dont les effets déplorables ne tardaient pas à se manifester.

Récriminations, désordre, indiscipline, tels sont les fruits que récolte un chef manquant de ces qualités essentielles qui sont la pondération d'esprit, le sang-froid, la prompte et nette vision des conséquences pouvant et devant résulter des ordres donnés.

est un travail tout à fait remarquable. Les difficultés d'établissement ont été considé-. rables; le sable mouvant, le sol sans résistance, ne permettaient pas de fixer des pieux ; les premiers qui furent placés s'affaissèrent et disparurent dans le sable et la vase ; après bien des hésitations, des tâtonnements sans nombre, des essais infructueux, on finit par découvrir un fond suffisamment solide ; on parvint alors à enfoncer les pieux en faisant dé- tonner à leur extrémité une charge de dyna- mite.

Les sapeurs durent travailler jour et nuit sans trêve, plongés dans l'eau jusqu'à la ceinture, mais ils furent victimes de leur courage et de leur dévouement. La compagnie du génie du capitaine N..., à laquelle ils appartenaient, avait un .effectif de 120 hommes présents sur les chantiers au début des tra- vaux ; ceux-ci terminés, elle se vit réduite, par suite d'évacuations ou de décès, au chiffre de *dix-sept* !

Ces soldats furent des héros à leur façon, — ou plutôt ils furent tout bonnement des héros — car en vérité il n'y a pas de distinc- tion à établir quand on meurt pour son pays, quand sans espoir d'une gloire posthume, avec le seul souci du devoir à accomplir, tout obscur soit-il, mais toujours noble, on lui sacrifie sa vie... simplement !

Mais que restera-t-il de cette construction qui coûta tant d'efforts, tant d'existences humaines ? Rien ! Quand viendra la saison des pluies, le niveau du fleuve montera de trois mètres au-dessus du tablier du pont, le courant sera tel que pieux et piquets ne pourront tenir devant sa force et, de ce travail qui fait l'admiration de tous, il ne restera certainement aucune trace.

Pour franchir le pont, nous sommes obligés de n'y engager que cinquante hommes à la fois ; les animaux le traversent tenus en main, les voitures Lefèvre passent trois par trois. L'opération entière dure environ quarante minutes. La marche est reprise et trois quarts d'heure après nous entrons à Marololo.

Le bataillon dépose ses outils, erre au hasard ; le bivouac n'est pas préparé ; l'adjudant-major s'occupe de tout, excepté du service qui lui incombe ; les prescriptions réglementaires sont pourtant bien faciles à suivre ; mais... voilà, il suffit que quelque chose soit simple et rationnel pour qu'on ne tienne pas la main à sa stricte exécution.

Pas un ordre n'est donné ; chacun règle sa conduite sur celle du voisin ; c'est la garde nationale ! Après vingt minutes de discussions stériles, de marches, d'arrêts, de contre-marches, de prises de formations bizarres, nous retournons sur nos pas et finissons par bivouaquer au bord de l'Ikopa, dans un bois touffu, humide, marécageux, où pas un souffle d'air n'arrive, où les arbustes et les lianes s'enchevêtrent si « heureusement » qu'il faut se tracer un chemin à la serpe. Nous consacrons deux heures de la matinée et toute l'après-midi à ce travail de « débroussaillement ».

Le soir venu, j'installe ma tente sous un arbre et cherche un peu de calme. Depuis le matin, je souffre d'une violente dysenterie ; j'ai les jambes brisées, je mange à peine et n'aspire qu'à me reposer.

Je suis écœuré de ce qui se passe autour de moi. Pas de direction, d'où désordre complet ; personne ne paraît connaître son service ou le néglige ; troupeau sans berger, voilà ce que nous sommes !

Glissé sous ma couverture, je fais, à ce sujet, d'amères réflexions. En outre, je souffre de plus en plus et me sens très fortement atteint. Vais-je pouvoir continuer la campagne ? Vais-je me faire évacuer ? J'hésite, je me tâte, je me désespère, mais la volonté reprend le dessus, elle

doit vaincre la douleur... Il faut marcher...
je marcherai !

21 Juillet. — Séjour à Marololo. — Je me
traîne languissamment ; je n'arrive à dormir
qu'en prenant constamment des pilules d'o-
pium ; par bonheur je n'ai point de service à
faire ; ce me serait du reste impossible.

Mes tirailleurs sont commandés pour déchar-
ger les chalands d'approvisionnements ; dans
l'après-midi je me traîne à grand'peine jusqu'au quai de l'Ikopa où s'opère le décharge-
ment. Les caisses de biscuit et de farine, les
sacs d'orge, les barils de tafia, les tonneaux
de vin sont jetés pêle-mêle, au hasard ; on
n'entend que cris et hurlements. Qui commande
ici ? Je ne sais pas. Je m'éloigne de ces lieux
où règne un désordre épouvantable et où la
chaleur est excessive.

En traversant l'une des extrémités du qua-
drilatère où s'entassent les vivres, j'aperçois,
lamentable épave, le ballon, le fameux ballon,
la risée du corps expéditionnaire. On est à
court de vivres, les voitures Lefèvre peuvent
très juste fournir aux troupes de l'avant-garde
leurs rations journalières... et on a sacrifié
un chaland entier pour le transport de cet

appareil inutile, encombrant, qui, au dire des spécialistes, ne pourrait même pas être gonflé !

22 Juillet. — Je souffre de plus en plus ; je ne sors presque pas de ma tente ; opium, bismuth, rien ne peut arrêter ma dysenterie ; je suis à bout de forces.

23 Juillet. — Départ à quatre heures du matin pour Beratsimana. Je peux à peine me tenir sur mon cheval ; tous les quarts d'heure je suis obligé de m'arrêter ; je ne supporte plus l'opium qui me donne des nausées.

Etape interminable...

24 Juillet. — Mes tirailleurs travaillent à la route. Je reste sous ma tente, n'ayant pas le courage d'aller surveiller les travaux. Le docteur F... vient me voir ; il veut me faire évacuer ; je m'y oppose énergiquement et, suivant son conseil, je me bourre de quinine... Je me demande si cette dysenterie si tenace ne serait pas une forme du paludisme.

25 Juillet. — Départ pour Suberbieville

où se trouve le général Duchesne avec son état-major. Nous arrivons à dix heures. Le général Voyron nous envoie bivouaquer au nord du « village », au milieu de rochers et de quartz effrité où nous enfonçons avec difficulté les piquets de fer de nos tentes.

J'ai employé le terme de « village » car celui de « ville » appliqué à Suberbieville est assez ambitieux et loin de convenir à l'exploitation aurifère de M. Suberbie. En effet, sauf trois ou quatre constructions en briques, disséminées sur un plateau situé en contrebas et à l'ouest du mamelon sur lequel s'élève Mevatanana, Suberbieville n'est en réalité qu'un amas de cases en paillottes construites au hasard.

Au reste, M. Suberbie était plutôt — et pour causes — un acheteur d'or qu'un véritable exploitant.

Sa concession, accordée en 1886 par le premier ministre Hova, comprenait les gisements aurifères du bassin de la Betsiboka et de l'Ikopa ; ce vaste territoire représentait, en superficie, cinq à six départements français. Mais la production d'or était fort peu importante, d'autant que les procédés d'extraction étaient très rudimentaires. L'or se récoltait par le procédé du lavage. Les indigènes engagés pour ce travail, ou mieux, réquisitionnés par les autorités Hovas, se désintéressaient complètement de leur tâche ; aussi les résultats effectifs étaient-ils presque insignifiants.

Malgré d'actives recherches, M. Suberbie n'avait jamais pu découvrir un véritable filon ni même de quartz aurifère dont le rendement lui aurait permis l'installation d'une usine avec appareils broyeurs, cuves de lavage etc...

. . . .

26 Juillet. — Séjour à Suberbieville. — Le matin, le général en chef nous honore de sa visite. Il traverse notre bivouac, cause quelques instants avec le commandant et remonte à cheval. Il paraît peu enthousiaste de son inspection : ces nègres mal habillés, dont l'instruction militaire est plus que rudimentaire, ne semblent pas leur dire quoi qui vaille et devoir lui rendre de grands services (1).

... Une revue de munitions et de vivres de réserve est prescrite ; je passe celle de ma compagnie. Je ne puis m'empêcher de rester

____

(1) Il est bon de dire dès maintenant que, deux mois après, le général Duchesne avait changé d'avis et qu'il ne jurait que par le bataillon malgache.

morose ; le découragement — contre lequel je lutte cependant — me prend ; à mes douleurs physiques viennent s'ajouter des tracas moraux ; je souffre de voir que parmi nos chefs, il en est — c'est le très petit nombre heureusement — qui ne savent pas donner un ordre, ne s'occupent que d'eux et dont l'insuffisance n'a d'égale que leur vanité.

Que feront-ils le jour où ils auront à combattre sérieusement ? Leur devise est : « Je m'en f.... ! » A cela joignez que si quelque chose se passe correctement dans les troupes qu'ils commandent et dont ils n'ont cure, c'est grâce à eux, à eux seuls, mais si une erreur est commise par suite de leur négligence, de leur manque de pondération, de réflexion ou de clairvoyance, la faute en retombe — immanquablement — sur leurs sous-ordres qui n'en peuvent mais.

Pourtant il faut marcher, donner l'exemple. En fin de campagne, à l'horizon de mes espoirs présents, je vois un bout de ruban rouge ; c'est lui qu'il faut gagner, c'est cette récompense qu'il faut obtenir, c'est cette croix qu'il faut apporter au vieux père pour qu'il puisse l'accrocher lui-même sur ma poitrine.

Serre ton ventre, pauvre marsouin, peine et trime, songe au devoir, au seul et beau devoir, pour l'accomplissement duquel toutes souffrances sont douces, rapporte ce lambeau de gloire qui sera ton ruban, et la joie de ton vieux père, les larmes de tendresse de ta bonne maman, le sentiment d'avoir servi sans défaillance ton pays, ta chère France, compenseront au centuple tes fatigues, tes déceptions, tes déboires. Médites et retiens ces conseils d'un poète qui connut et aima les hommes : « *Courage pour les grandes douleurs de la vie et patience pour les petites. Et puis, quand vous avez laborieusement accompli votre ouvrage de chaque jour, endormez-vous avec sérénité : Dieu veille !* » (1)

Courage et patience, marsouin !

Cette croix — symbole d'honneur — je la porterai fièrement. Le hasard voudra-t-il faire, pour la mieux mériter et qu'elle me soit plus précieuse, qu'elle soit teinte d'un peu de mon sang.

1er, 2 ET 3 Aout. — Le 1er août au matin, nous avons dépassé la brigade de la guerre ; le 2 nous nous porterons à dix kilomètres en avant, auprès d'une petite rivière le Marokoloby ; les travaux de la route nécessitant une

(1) *Victor Hugo.* (Lettre à Savinien Lapointe, mars 1841).

huitaine de jours, j'espère me reposer un peu.

Depuis notre départ de Suberbieville, nous n'avons guère parcouru que cinquante kilomètres, à cause de la fameuse route ; la marche de la brigade est subordonnée à l'avancement de sa construction à laquelle le général en chef attache une importance capitale.

Les travaux deviennent de plus en plus rudes. Il faut établir des ponts. Jusqu'alors, la forme arrondie des mamelons, leur peu d'élévation, permettaient de trouver facilement un tracé ; mais, à partir du Marokolohy, la nature du terrain change brusquement ; les mamelons ont des arêtes plus aiguës dont l'altitude moyenne est d'environ 300 mètres ; ils affectent également des formes moins régulières ; les mouvements du sol, dont le niveau varie constamment, se croisent, s'enchevêtrent ; les vallées se creusent plus profondes, plus ravinées ; des crevasses infranchissables, de brusques heurts de rochers, de blocs de quartz ou de pierres dures, rendent l'étude du tracé très ardu et le travail des plus fatigants ; nos hommes vont sur les chantiers à six heures du matin, en reviennent à dix, repartent à une heure de l'après-midi, pour rentrer à six heures du soir. Ces pauvres diables sont littéralement fourbus !

4 Aout. — Ma compagnie reçoit l'ordre d'aller en reconnaissance. Des groupes Hovas se sont montrés à l'horizon ; les espions les supposent fortifiés sur une arête rocheuse située au nord-ouest du bivouac ; il faut aller chercher des renseignements.

Nous partons à cinq heures du matin, emportant un déjeuner froid, car notre absence peut durer une journée entière.

Je suis heureux d'être mon maître pour quelques heures et d'avoir à remplir une mission intéressante qui me rappellera mes bonnes excursions au Tonkin. Mes lieutenants sont pleins d'ardeur et d'entrain, joyeux de prendre probablement contact avec les Hovas qui, depuis Suberbieville, ont toujours été, ou à peu près, un mythe, une vapeur, un souffle...

A huit heures et demie nous gravissons une crête rocheuse, en forme de lame de couteau, bordée à gauche par une crevasse d'une profondeur de 200 mètres, au fond de laquelle coule en cascade un magnifique torrent ; un bruit sourd monte à nos oreilles, tels de lointains grondements de tonnerre, un vent violent souffle en tourbillon dans ce long couloir rocheux et apporte jusqu'à nos visages comme une fine poussière d'eau glacée.

La montée est pénible ; nos chevaux gravissent lentement cette arête faite de quartz aigu et de pierres roulantes ; un faux pas, monture et cavalier seraient précipités au fond du torrent. Nous sommes sur le point d'atteindre le faîte quand les tirailleurs d'extrême pointe signalent une tranchée coupant perpendiculairement le chemin que nous suivons ; nous contournons ce premier obstacle, après avoir renvoyé nos chevaux, car il ne faut pas songer à leur faire poursuivre cette marche qui devient de plus en plus accidentée.

L'ascension continue ; quelques centaines de mètres plus haut, nouvelle tranchée, plus profonde et plus large que la première. De l'endroit où nous sommes, nous apercevons, en grand nombre, des trous de tirailleurs.

Je donne l'ordre à une patrouille de reconnaître le terrain en avant de nous ; mes hommes reviennent sans avoir tiré un coup de fusil, les Hovas ayant abandonné les tranchées.

La marche en avant reprend ; les tirailleurs de la pointe ont bientôt atteint le sommet où nous les rejoignons.

Un merveilleux panorama se déroule alors à nos yeux : au loin, une succession de mamelons que leur forme bizarre, tourmentée, incohérente, rend indescriptibles ; thalwegs, vallées, ruisseaux — minces filets d'argent aux courbes molles — se croisent, s'entrecroisent, sans ordre, sans suite, sans loi naturelle. Une herbe rase et sèche, d'une teinte jaunâtre recouvre cet ensemble chaotique comme d'un immense tapis coupé seulement par l'eau claire et vive des ruisselets.

Vers le sud, à l'horizon, semble s'avancer vers nous, dominant, menaçant, le pic d'Andriba.

Et ce spectacle d'une nature inattendue, heurtée, sans apparente harmonie, est en vérité très beau et très impressionnant...

... Des coups de feu se font entendre. Les tirailleurs d'avant-garde sont engagés. Avec ma jumelle j'examine les Hovas qui, retranchés sur un mamelon élevé, tirent sur nous à une distance d'au moins 1.500 mètres. C'est de l'enfantillage, c'est brûler de la poudre aux moineaux. Je donne l'ordre de marcher pour essayer de les joindre. Dès que le mouvement en avant se dessine, les « intrépides » Hovas se cachent prudemment derrière un talus et recommencent leur tir ridicule.

Nous reprenons notre marche et arrivons ainsi jusqu'à un campement qui vient d'être occupé par eux : soixante cases environ — véritables niches à lapins — s'élèvent au fond d'un thalweg. Je fais brûler cet amas de paille dans lequel mes tirailleurs, malgré de minutieuses recherches, n'ont trouvé qu'une écuelle ébréchée et une vieille marmite.

Voyant notre faible effectif — cent fusils à peine — les Hovas reprennent l'offensive ; quelques groupes se montrent ; de nouveaux coups de fusil sont tirés sur nous. Je calme l'ardeur impatiente de mon lieutenant R . . . qui veut leur envoyer des feux de salve. A quoi bon user nos cartouches sur un ennemi presque hors de portée ?

Il est onze heures. du matin. Notre mission est à peu près terminée. Nous prenons assez exactement le « topo » des environs, nous repérons le mont Andriba, puis je donne le signal du retour, laissant tirailler ces poltrons de Hovas qui n'osent même pas risquer une attaque franche contre nous.

La fin de notre mission consiste à reconnaître la route qui passe au col appelé par nous « cote 750 » et à prendre des visées sur le sentier qui nous mènera dans la plaine d'Andriba.

Ce travail topographique achevé, nous rentrons au bivouac, en suivant un chemin plus long mais semé de moins d'obstacles que le premier.

Il est cinq heures quand nous pouvons prendre un peu de repos.

5 Aout. — Mes tirailleurs retournent aux travaux de la route. Quant à moi, les fatigues supportées la veille ont donné une intensité nouvelle à ma dysenterie ; je reste couché une partie de la journée, anéanti, sans forces ni courage.

6 au 12 Aout. — Pendant quatre jours se continue le travail de la route.

Le 10 août, à quatre heures du matin, nous quittons notre campement de Marokolohy pour nous rendre à Ankolakosana. Aussitôt installés au bivouac, il faut reprendre la pioche. Mes officiers sont obligés de déjeuner sur les chantiers ; aux heures les plus chaudes de la journée, ils ne peuvent trouver le moindre abri contre les ardeurs du soleil, pas même l'ombre d'un arbre quelconque ; c'est un supplice ! Ils rentrent éreintés, le visage congestionné et ensanglanté par les piqûres d'une mouche plus terrible encore que le moustique, appelée dans le pays *mokafouille* et dont les morsures occasionnent des gonflements cutanés.

... Nous commençons à en avoir assez de ce travail stérile, de ces efforts surhumains, de cette terre remuée vainement. Les Européens sont décimés par les fatigues et par la fièvre.

Nous aspirons à marcher sérieusement de l'avant, à rencontrer les Hovas, à faire parler la poudre. Nos hommes eux-mêmes sont furieux contre cet ennemi qui fuit sans cesse sans jamais accepter le combat, se contentant de barrer notre route par des obstacles enfantins, trop facilement franchis et qui font rire les soldats les moins expérimentés. Les Hovas semblent ignorer par trop que les tranchées-abris sont des ouvrages de défense effective et qu'elles n'ont de valeur qu'autant qu'elles servent à protéger de solides poitrines humaines et de bons tireurs.

13 au 18 Aout. — Nous avons un peu marché de l'avant ; nous sommes maintenant au sud du col dont il a déjà été parlé (cote 750), col profond dans lequel il faudra faire passer la route ; les deux versants opposés sont presque à pic ; le tracé donné par les officiers du génie nécessite trois mille mètres de lacets dans un sol dur, résistant, que nous sommes parfois forcés d'entamer avec de la dynamite ; à chaque

extrémité du lacet une plate-forme doit être installée pour permettre aux voitures de tourner.

Quatorze cents hommes travaillent dix heures par jour et pendant six jours pour transformer ces deux versants en une route carrossable — car nous sommes renforcés par deux compagnies de tirailleurs Haoussas et par un bataillon de tirailleurs Algériens (1).

19 ET 20 Aout. — Pendant que nos hommes travaillent, les grands chefs ont pris des mesures pour préparer et assurer l'occupation de la plaine d'Andriba ; des reconnaissances sont envoyées ; les patrouilles de cavalerie signalent le mont Andriba comme fortement occupé. Sur les mamelons bordant le côté sud de la plaine, on compte à la jumelle de nombreux camps Hovas. Trois forts à créneaux ferment l'étroite vallée qui mène à Mangasoavina.

(1) La parfaite exécution de ce travail gigantesque a fait dire au Directeur du génie, le lieutenant-colonel M..., qu'il était sublime que des hommes aient pu, sous un climat tropical, fournir une somme de labeur aussi considérable et qu'il considérait cet effort surhumain comme unique dans les annales militaires du monde entier. Je ne discute pas, je n'ajoute rien, je cite mon auteur qui est un officier extrêmement remarquable.

Il y aura enfin bataille. Nous verrons donc sérieusement les Hovas. Aussi sommes-nous enchantés quand, le 20 août au soir, le commandant nous réunit et nous annonce que le bataillon Malgache formera l'avant-garde de la brigade Voyron.

Le commandement a pris les dispositions suivantes :

— La brigade de marine se divisera en deux groupes.

— Le premier groupe, sous le commandement du colonel B..., composé du bataillon malgache, du 1er bataillon du 13e d'infanterie de marine et d'une batterie d'artillerie, suivra la ligne des crêtes jalonnée par les villages d'Ambodiamontana et d'Ambontana.

— Le deuxième groupe, sous le commandement du colonel de L..., composé du bataillon haoussa et du bataillon D..., de l'infanterie de marine, gagnera Andriba en suivant le fond de la vallée formée par le cours du Kamolandy et de ses affluents.

21 Aout. — La brigade se met en route à quatre heures du matin.

Après une marche ininterrompue, au cours

de laquelle nous avons surmonté des difficultés énormes et avons dû parfois nous servir de nos outils pour rendre le chemin suivi praticable aux chevaux et aux mulets, nous arrivons à dix heures au village d'Ambodiamontana.

Pas un Hova n'a daigné ou osé montrer le bout de son nez.

Le général Voyron prescrit un long repos.

Nous en profitons d'abord pour boire, manger un peu de viande, grignoter un morceau de biscuit ; puis, l'arme entre les jambes, le dos grillé par un soleil ardent, nous attendons.

La troisième compagnie — avant-garde du bataillon — reprend la marche en avant ; à peine a-t-elle dépassé le village d'Ambontana qu'une batterie Hova, placée sur le pic d'Andriba, l'arrête dans son mouvement.

Le colonel B... commande : « Halte ! » Il nous ordonne de nous défiler dans un ravin crevassé et laisse la troisième compagnie sous le feu de l'artillerie Hova ; un obus tue un tirailleur et en blesse un autre.

Il fallait marcher de l'avant, déborder le pic d'Andriba, et ces bons Hovas auraient pris la poudre d'escampette en nous abandonnant tous leurs canons.

Mais le colonel B... ne se décide que trop tard à prendre un parti ; il demande à cor et à cri la batterie B... qui ne peut arriver : les mulets s'enfoncent dans la vase, les bâts tournent, les affûts tombent.

Enfin, après trois heures d'attente, le capitaine B... met ses pièces en batterie et cherche à imposer silence aux canons ennemis ; la nuit arrive avant qu'on ait pu arriver au résultat demandé.

Les troisième et quatrième compagnies de notre bataillon occupent Ambontana. La compagnie P... et la mienne retournent en arrière prendre une position de bivouac.

Il est sept heures quand j'arrive ; je trouve le colonel B... couché. Il m'ordonne d'envoyer une section à 800 mètres sur le flanc du bivouac.

En transmettant l'ordre du colonel au lieutenant B..., désigné pour son exécution, je me demande avec lui comment il viendra à bout de cette mission inutile. Comment atteindra-t-il son poste avec sa section, en pleine nuit noire, et combien de temps mettra-t-il pour y arriver ? Comment ses hommes mangeront-ils ? — détail qui n'est pas à négliger. B... hoche la tête, sourit philosophiquement et part. Il faut obéir.

... Les chemins étaient tellement mauvais qu'à neuf heures nous n'avions encore ni cantines, ni tentes. Deux sections de ma compagnie, commandées par R... et D..., sont restées à l'arrière pour protéger le convoi. Je suis seul, sans vivres, n'ayant presque rien dans le ventre depuis le matin. Un vent froid s'élève ; je grelotte, je suis exténué. Me souvenant à propos du proverbe au dire duquel « qui dort dîne », je me roule dans une couverture, prends en tant qu'oreiller la musette d'un tirailleur et, malgré les morceaux de quartz qui me défoncent les côtes, je ne tarde pas à m'assoupir.

Dans mon demi-sommeil je pense aux événements de la journée. De lourdes fautes ont été commises : ou nous ne devions pas nous engager, ou, dès que l'avant-garde avait subi le feu de l'artillerie Hova, la seule chose à faire était de marcher vigoureusement et sans retard en avant, d'arriver à la tranchée fermant la route de la vallée puis de contourner le pic d'Andriba, mouvement qu'aurait facilité un pli de terrain placé heureusement pour soustraire les fantassins aux atteintes des balles ennemies.

Nous aurions ainsi couché le soir même à Andriba et, en tout cas, nous aurions certainement fait subir de sérieuses pertes aux Hovas en les prenant de revers et en leur coupant la route de Tananarive. Notre mouvement aurait été appuyé par le groupe du colonel de L... qui, à trois heures, était presque arrivé à hauteur du pic d'Andriba et a été obligé, le soir, de battre en retraite.

Etant donnée l'admirable défense naturelle qu'offrait la position d'Andriba, un ennemi autre que les Hovas, qui l'occupaient, l'aurait défendue avec plus de vigueur.

... J'en suis là de mes réflexions quand une voix joyeuse lance ces mots : « Mon capitaine, j'ai retrouvé la marmite! » Cette voix aux doux accents est celle du lieutenant R... Il revient porteur de notre dîner. Adieu, fatigue et sommeil! Je me lève guilleret. A la lueur d'une lanterne d'escouade, nous nous installons et dévorons à pleines dents une sardine et une tranche de bœuf. Durant que nous faisons un sort à ce « royal festin », les mulets ont rejoint. Je retrouve mon lit, ô délices infinies ! En un clin d'œil il est monté; douillettement enfoui sous une grosse couverture de laine, je brave la bise glacée et m'endors du sommeil du marsouin fatigué.

22 Aout. — Pendant la nuit précédente, les

Hovas ont pris la fuite ; aussi, sans coup férir, les hommes l'arme à la bretelle, nous foulons la plaine d'Andriba, immense cirque de cinq kilomètres de diamètre, entouré par de hautes montagnes et jadis parsemé de nombreux villages aujourd'hui presque entièrement détruits. Une large rivière, le Mamokomita, aux bords couverts d'une opulente verdure, arrose la plaine et de ses gracieux méandres lui forme comme une ceinture naturelle.

A dix heures du matin je m'arrête ; des patrouilles, des reconnaissances fouillent la plaine, les villages ; mes tirailleurs reviennent porteurs de cochons, de poulets, de « patates », de manioc. Nopces et festins ! Depuis Suberbieville, nous avions oublié le goût du porc et du poulet.

23, 24 ET 25 Aout. — Nous restons au bivouac d'Andriba. Nos matinées et nos après-midi sont consacrées à fouiller les villages pour y trouver du paddy ; nos recherches ne sont pas infructueuses ; nos tirailleurs sont très habiles à découvrir les silos où les Hovas cachent ce qu'ils ont de précieux ; nous en « dénichons » bondés de riz, de fruits, de banian.

Sur le pic d'Andriba, où je suis envoyé en reconnaissance, je trouve un canon-revolver, un canon de 70, des cartouches, du riz en quantité et des charges de manioc, de patates, prêtes à être emportées ; cet abandon est l'indice manifeste d'une « frousse intense » de la part des Hovas dont nous aurions fait une « jolie salade » si nous avions marché le 21.

Nous sommes à Andriba jusqu'à ce que la route soit achevée.

Le général en chef veut la continuer ; il y tient absolument ; tout son entourage essaie bien de lui persuader que ce travail d'Hercule finira par décimer complètement le corps expéditionnaire, mais il ne veut rien entendre.

Allons ! bons marsouins, Malgaches, Haoussas, encore de nombreux kilomètres de route à creuser, et dans quel terrain ! Pierre dure, rochers, blocs de quartz à extraire ou à faire sauter, mamelons à contourner et aux flancs desquels il faudra ouvrir des tranchées, faire des remblais de 2 mètres à 2 mètres 50.

26 Aout au 8 Septembre. — Le 26 août, nous recevons l'ordre de retourner en arrière et de nous installer à Ambontana. Ce village, respecté par les Hovas, contient huit ou dix cases en torchis, mal couvertes, où nous avaient

précédés poulets, cochons, veaux, etc...
Toutes sortes d'immondices sont accumulées
dans ces bouges où des milliers de puces
énormes vivant en paix n'attendent que des
victimes ; à peine installés, nous sommes
dévorés par elles, et, davantage encore, par
des mokafouilles.

Je préfère ma tente à cette habitation, je
préfère le vent qui me gèle à ce supplice conti-
nuel qui consiste à être dévoré vivant.

J'élis domicile sous un arbre, en dehors du
village, et je suis bercé tous les soirs par la
rude chanson du vent qui menace d'enlever
ma tente et fait rage dans les grosses branches
de mon banian.

Il nous faut sept jours pour achever la route
d'Ambodiamontana à Andriba, sept jours
d'ennui, de désœuvrement, passés à surveiller nos malheureux hommes fouillant
la terre, le matin gelés par une âpre brise,
dévorés par les mokafouilles, l'après-midi
brûlés par le soleil, respirant l'odeur âcre qui
se dégage d'un sol vierge surchauffé par une
température de fournaise.

J'ai découvert à proximité de mon bivouac,
au bas de la colline que nous creusons, un
charmant petit ruisseau dont le lit assez
encaissé est ombragé d'arbres majestueux. Il

me rappelle la Voulzie, délicieusement chantée par Hégésippe Moreau, et c'est, lui aussi :

> Un tout petit ruisseau coulant visible à peine ;
> Un géant altéré le boirait d'une haleine ;
> Le nain vert Obéron, jouant au bord des flots,
> Sauterait par-dessus sans mouiller ses grelots...

De grandes pierres plates superposées reposent en gradins au fond du ruisseau et le transforment en une miniature de cascade dont la chute est un murmure, le grondement un soupir.

Le soir, vers cinq heures, quand le soleil ne nous éclaire plus que de ses rayons obliques, je descends auprès de ma « Voulzie malgache » ; le calme y est absolu ; derrière un rideau de feuillage, je quitte mes vêtements et rafraîchis mes membres à cette douche naturelle ; je m'abandonne à la caresse douce qui est celle de cette eau presque glacée coulant lentement sur mon cou, glissant jusqu'à mes pieds ; j'en éprouve une sensation exquise de fraîcheur, de bien-être qui me réconforte et me ranime.

Mes mains rapprochées recueillent l'onde claire qui retombe en gouttes diamantées et laisse comme trace de son passage des parcelles de poudre d'or et de quartz brillant qu'entraîne le faible courant.

Aux approches du crépuscule je vais rendre visite à « mon » petit ruisseau ; loin du bivouac, aucun bruit ne trouble ma solitude ; seule, la fraîche chanson de la cascade fait entendre son bavardage mélodieux ; c'est l'heure indécise, l'heure calme, propice aux rêveries et aux souvenirs mélancoliques, aux tristesses infinies et très douces...

... Jusqu'au 4 septembre, continuation du travail de la route ; notre bivouac n'est point changé.

Le 5, nous recevons l'ordre de nous rendre à Mangasoavina, village situé à l'extrémité sud de la plaine d'Andriba, auprès du Mamoko-mita.

De vagues bruits circulent ; on affirme que le général en chef, revenant sur sa décision première en ce qui concerne l'achèvement de la route, veut organiser une colonne légère qui marchera sans retard sur Tananarive.

Cette nouvelle n'est qu'officieuse mais son annonce suffit pour que la joie se lise sur tous les visages tout à l'heure moroses : plus d'incertitude, de doutes, de déboires, c'est le mouvement, la bataille, ce sont peut-être dans l'avenir de sérieuses rencontres avec les Hovas.

L'enthousiasme gagne le bivouac entier ; on

s'aborde plus volontiers pour causer; on bavarde, on potine, on discute, on pérore; nous sommes tous assurés du succès.

Nous sommes grisés par l'attrait de l'inconnu, par la marche en avant, l'espoir de l'action vive succédant brusquement aux marches lentes et surtout nous éprouvons un véritable soulagement à la pensée de n'être plus arrêtés par la construction, abandonnée, de la route, rude calvaire qui nous a coûté tant des nôtres, où, justification terrible de ce qu'a écrit le docteur Treille, chaque coup de pioche donné en terre creusait plus profondément la tombe de nos vaillants soldats.

Le 8 septembre, confirmation officielle de l'heureuse nouvelle. Un ordre général, plein d'un chaud et vibrant patriotisme qui relève et anime encore notre courage, fixe les détails de la constitution d'une colonne légère.

En voici le texte :

ORDRE GÉNÉRAL

OFFICIERS, SOUS-OFFICIERS,

CAPORAUX, SOLDATS ET MARINS,

Les éléments mobiles du Corps Expéditionnaire viennent, grâce à d'énergiques et persévérants efforts, en refoulant l'ennemi partout

où celui-ci a tenté de les arrêter, d'atteindre
l'extrémité sud de la plaine d'Andriba. J'ai
décidé de ne pas pousser plus loin le travail de
construction de la route carrossable, qui s'im-
posait jusqu'ici comme une conséquence inévi-
table du mode de constitution de nos convois et
de poursuivre les opérations contre Tananarive
avec une colonne légère dotée d'effectifs et de
moyens de transports réduits. Cinquante lieues
de France à peine nous séparent de Tananarive.
Vingt-cinq environ traversent encore une zône
montagneuse et à peu près déserte, le reste est
en Emyrne, province très cultivée, très peuplée,
où sont concentrées presque toutes les ressources de l'île. Si donc la première partie de la
marche nous prépare encore des difficultés
matérielles et des privations, nous pouvons
espérer trouver dans la seconde des facilités
relatives et quelque complément de bien-être.

Quoi qu'il en soit, la France compte sur nous
pour mener à bien la tâche commencée et au
succès de laquelle ses intérêts et son honneur
sont engagés comme les nôtres. Elle continue
à nous suivre avec une sympathie passionnée
dont les télégrammes du gouvernement m'ap-
portent presque journellement la preuve.

Vous éléverez vos cœurs à la hauteur des
nécessités d'une situation qui n'exige plus que

quelques semaines d'énergie physique et morale
au terme desquelles vous aurez en outre la
satisfaction d'un grand devoir simplement et
laborieusement rempli, celle d'avoir accompli
une tâche que la nature du pays rendait plus
difficile qu'on eût pu l'attendre, celle aussi
d'avoir ajouté une belle page à nos annales
militaires et de vous être préparé de glorieux et
impérissables souvenirs personnels.

La nécessité de proportionner ce dernier effort
à nos moyens matériels, celle aussi de maintenir la chaîne des transports si péniblement créée
et entretenue entre Majunga et Andriba m'o-
bligent à laisser ici et en arrière beaucoup de
vous qui aspiraient aussi à l'honneur d'être
montés de haute lutte à Tananarive.

Je partage le regret qu'ils éprouvent et apprécie très haut les services que nous ont déjà
rendus et continueront à nous rendre tous ceux
qu'un devoir austère retient à des titres divers
sur cette longue ligne d'étapes.

Je connais leurs énergiques et persévérants
efforts qui seuls nous permettent d'entreprendre
la marche accélérée qui va nous mener en
Emyrne et je compte que tous sauront la poursuivre.

Je n'oublierai ni les uns ni les autres, en faisant connaître au gouvernement au prix de

quel dévouement, de quels efforts, de quels sacrifices nous aurons mené à bien notre expédition et la France les confondra dans un même sentiment d'estime et de gratitude.

Au quartier général

Mangasoavina, le 8 septembre 1895.

DUCHESNE.

9 AU 13 SEPTEMBRE. — Préparatifs pour le départ.

La colonne légère est formée ; elle se compose de trois groupes :

— Le premier groupe, sous le commandement du colonel B..., comprend : le bataillon malgache, le 1er bataillon et deux compagnies du 3ª bataillon du 13e régiment d'infanterie de marine, deux compagnies d'Haoussas et une batterie d'artillerie.

— Le deuxième groupe, sous le commandement du colonel O..., comprend : deux bataillons de tirailleurs algériens, un bataillon de la légion étrangère, une batterie d'artillerie. La cavalerie est modestement représentée par 20 chasseurs d'Afrique, débris de l'escadron commandé par le capitaine A...

— Le troisième groupe, sous le commandement du colonel de L... forme la réserve et doit nous suivre à une journée de marche. Il comprend : deux compagnies d'Haoussas, deux compagnies d'infanterie de marine, deux compagnies du 200e régiment de ligne et une batterie d'artillerie.

Au total trente compagnies et trois batteries, soit quatre mille hommes, y compris les états-majors ; plus, quatre mille mulets portant vingt jours de vivres.

Le général Voyron (brigade de marine) a la direction des opérations du premier groupe, le général Metzinger (brigade de la guerre) celle des opérations du second groupe.

Le colonel de L... commande le troisième groupe qui forme l'ultime réserve.

Les 10 et 11 septembre, le général en chef passe en revue sa colonne légère.

Nous prenons nos dernières dispositions. Nos cantines sont allégées ; les moyens de transport ont été calculés au strict minimum ; le personnel « officiers » est également réduit ; aussi je suis obligé de laisser un de mes officiers, R..., jeune sous-lieutenant très éprouvé par les débuts de la campagne et dont le degré d'anémie est tel que, malgré sa bonne volonté et son désir de marcher, nous nous refusons, le docteur F... et moi, à lui permettre d'entreprendre cette fin de campagne.

14 Septembre. — Le départ est fixé au 15. A quatre heures du matin, le bataillon Malgache formant avant-garde, nous partons pour aller camper à 14 kilomètres de Mangasoavina ; nous suivons pendant trois heures la rive droite du Mamokomita, dont le cours encaissé entre deux hautes montagnes forme une série de rapides que parfois nous côtoyons, mais que souvent aussi nous sommes obligés de franchir.

Après avoir dépassé les pentes nord du plateau de Tafofo, nous installons notre bivouac sur une grande plate-forme rocheuse, à proximité d'une prairie et d'un cours d'eau.

Notre route n'a pas été inquiétée ; pas le moindre ennemi à l'horizon. Le Hova fuit toujours.

Pourtant les reconnaissances et les patrouilles signalent de forts rassemblements dans le défilé de Tsiniamandry.

Entre Ampotaka et Tsiniamandry la vallée du Firingalava se resserre. Deux massifs rocheux, à l'ouest celui d'Ambohibé, à l'est celui du Vombohitra, dominent cet étroit défilé et l'ensemble de ces deux mouvements de terrain constitue une position de premier ordre, d'une

défense aisée et qui semblait d'une réelle difficulté à franchir.

Dans l'après-midi le général en chef, après
avoir examiné le terrain, décide que le défilé
sera attaqué par trois colonnes.

La première (bataillon malgache) doit contourner les rochers de l'Ambohibé, s'emparer
d'une pièce de canon et d'un Hotchkiss menaçant le milieu du défilé dont les obstacles et
retranchements seront abordés par la seconde
colonne (légion). La troisième enfin (tirailleurs
algériens) devra s'emparer des hauteurs de
l'est et surtout d'un mamelon sur lequel est
établie une pièce d'artillerie dont les feux
battent et protègent les ouvrages du centre.

15 Septembre. — A quatre heures du matin
nous partons. Après avoir franchi le Firingalava, nous commençons l'ascension des hauteurs situées au sud du plateau d'Ankafofotra.
Durant trois heures et demie notre marche est
relativement facile, les mamelons s'élevant à
gauche du Firingalava étant à pente douce et
leurs sommets formant plateau.

A sept heures et demie les éclaireurs signalent les lambas blancs sur les rochers d'Ambohibé. La quatrième compagnie (compagnie de

tête) se déploie ; la mienne appuie le mouvement et nous abordons les contreforts rocheux. L'avant-garde s'engage ; la quatrième compagnie déployée à droite commence des feux de salve sur des groupes assez compacts qui déjà se défilent au sud des rochers ; au même moment une section de la même compagnie, commandée par le lieutenant B..., charge à la baïonnette sur un groupe de Hovas massés au fond d'un petit col, mais ceux-ci se sauvent sans plus tarder, non sans avoir perdu dix-huit des leurs.

Ma compagnie, entrée en ligne au début de l'action, se reforme alors sur les pentes nord du col et précipite de ses feux de salve nourris la fuite des lambas blancs.

Vingt minutes après les premiers coups de feu, le combat cessait (1).

Dans cette escarmouche un de mes tirailleurs

(1) Nous avons su plus tard, par des prisonniers, que les hommes envoyés pour arrêter notre mouvement tournant étaient de malheureux Betsileos incités au combat par un chef grand admirateur de la Reine Ranavalo, à laquelle il avait promis de ramener tous les Français pieds et poings liés, ne demandant pour seule récompense que la faveur de garder douze d'entre nous comme esclaves. Ce présomptueux Betsileo, non seulement ne ramena pas de captifs, mais reçut encore dans la cuisse une balle de Lebel qu'il fut très heureux de se faire extraire par un de ces médecins « vazas » qu'il se promettait d'attacher à sa personne.

a les cuisses traversées par une balle, deux autres hommes de ma compagnie sont blessés légèrement.

Notre ascension continue. Afin d'activer notre marche le commandant donne l'ordre de faire déposer le chargement de nos tirailleurs; ainsi allégés ceux-ci poursuivent les Hovas qui emmènent avec eux leurs canons que nous n'avons pu leur prendre. Les rattraper est impossible, d'autant que les gaillards, qui ont deux kilomètres d'avance sur nous, ont des jarrets merveilleux et que nos hommes sont exténués. Il faut renoncer à les atteindre.

Pendant que nous retraversons le Firingalava au sud de Tsiniamandry, deux obus, venus de deux côtés opposés, saluent notre passage. Notre marche un moment retardée est reprise aussitôt... et les Hovas continuent à fuir. Notre poursuite prend fin vers trois heures; la fatigue manifeste des sous-officiers et des tirailleurs nous obligent à nous arrêter.

16 Septembre. — Afin de rechercher les sacs de nos hommes, nous refaisons en sens inverse la marche de la veille, puis, après avoir traversé rizières et marais, nous rejoignons

Ampotaka où nous pouvons prendre enfin un repos bien mérité.

Le commandant me propose pour la croix de la légion d'honneur. Je m'endors tout heureux rêvant du ruban rouge, fier d'avoir à apporter à mon père cette « timbale » si pénible à « décrocher ».

17 Septembre. — C'est l'âme en joie que je boucle ma cantine et grimpe sur mon cheval, le bon Fleurus, qui, un peu « retapé » de sa récente et dure ascension, enlève sans broncher l'étape d'Ampotaka à Ambouinore.

Ma compagnie est commandée d'escorte de convoi. Partis à huit heures du matin nous arrivons à Ambouinore à cinq heures du soir, après une marche pénible, énervante ; à chaque obstacle de terrain il faut attendre le défilé de deux cents mulets ; le passage des cours d'eau est particulièrement difficile, les mulets enfonçant dans la vase ; aux arrêts un peu longs les pauvres bêtes éreintées se couchent, brisant leurs charges, arrachant leurs bâts. Les conducteurs hurlent ; les Kabyles, grelottant de fièvre, affaiblis, anémiés, n'ont plus la force de conduire les animaux qui, sans guides, roulent dans les ravins, se débâtent ou tombent épuisés de fatigue, mourant souvent de faim. Cette étape est extrêmement dure. Je préfère cent fois marcher à l'avant-garde. Mais comme toujours, quand il n'y a rien à craindre, quand les Hovas ne sont pas signalés, nous sommes au convoi, à nous la corvée ! Et dès qu'un lamba blanc apparaît à l'horizon, en avant les malgaches !

On a mille fois raison de l'affirmer : dans une expédition coloniale, il vaut mieux exposer des soldats indigènes aux balles de l'ennemi que de faire tuer des Européens ou de les éreinter à courir après des fuyards presque toujours insaisissables.

18 Septembre. — Départ d'Ambouinore pour Kinajy. Je suis encore désigné pour le convoi. Nous partons à dix heures du matin. Nous rencontrons les mêmes difficultés que la veille ; les mêmes scènes fâcheuses se renouvellent. Mais la route me paraît moins longue car j'ai le plaisir de faire l'étape en l'aimable compagnie du capitaine M..., qui est resté pendant sept ans à Tananarive comme attaché à la personne du résident général. Il commande l'échelon que je suis chargé de proté-

ger ; je l'interroge sur les mœurs des Hovas,
sur la possibilité d'une lutte obstinée de
leur part, en un mot sur les difficultés qui
nous attendent encore. M... est très opti-
miste ; il estime que les Hovas n'offriront
qu'une très médiocre résistance, qu'ils n'ac-
cepteront que des semblants de combats pour
sauver les apparences et pour permettre aux
chefs de dire à la Reine qu'ils ont succombé
devant le nombre et la savante tactique des
Vazas et qu'ils n'ont pu lutter davantage contre nos fusils et nos canons.

Tout en devisant, nous gravissons la pente
menant au col de Kiangara, où nous attend le
pittoresque spectacle d'un magnifique panorama. Du col de Kiangara aux Ambohimena
s'étend un immense plateau, une plaine ver-
doyante coupée par de nombreuses rizières et
traversée de l'est à l'ouest par la rivière de
Manankazo ; cette plaine est encore plus large
et plus fertile que celle d'Andriba. Au sud,
masquant l'horizon , se dresse la grande
chaîne des Ambohimena qui court de l'est à
l'ouest et dont l'altitude est d'environ 1450
mètres. Ce soulèvement rocheux aux pentes
raides, aux flancs coupés de ravins et de gor-
ges, large crête de pierre, crachement volca-
nique fait de montagnes heurtées, est d'une

imposante grandeur. Il semble le gardien hideux et majestueux à la fois de je ne sais quel pays enchanté, à qui la nature aurait donné pour mission d'effrayer, de sa masse grandiose, les vils mortels, d'arrêter, d'un geste d'une incomparable grandeur, l'imprudent envahisseur des plaines fécondes de l'Emyrne.

Il est cinq heures quand j'arrive à Kinajy. Ces étapes franchies trop lentement, sans cesse coupées d'arrêts forcés, sont éreintantes. Je grignote du bout des dents le repas — excellent pourtant — que vient de nous préparer le fidèle Saleh' et ne tarde pas à gagner ma tente pour y dormir quelques heures.

19 Septembre. — Pendant que la veille je me traînais sur la route de Kinajy à une allure d'escargot, les grands chefs avaient pris leurs dispositions pour l'attaque et le passage des Ambohimena. Tous les sommets du massif rocheux étaient couverts de fortins ; les trois routes d'accès semblaient fortement défendues ; aussi le commandement a résolu de tourner ces ouvrages ; la brigade de la guerre simulera une attaque de front pendant que la bri-

gade de marine exécutera un mouvement tournant.

Mon bataillon est d'avant-garde et je suis compagnie de tête.

A trois heures du matin nous quittons le bivouac de Kinajy. C'est après bien des hésitations et des tâtonnements, par une nuit noire, que je parviens à découvrir un sentier. L'ascension commence ; pendant quatre heures, sans arrêt, mes tirailleurs grimpent ; les morceaux de quartz aigus leur coupent les pieds ; on n'entend que la respiration haletante, précipitée des hommes qui montent, la poitrine oppressée. Fleurus, le vaillant Fleurus lui-même, trouve la pente par trop raide ; je dois mettre souvent pied à terre pour lui permettre de souffler un peu.

A huit heures la colonne s'arrête sur une crête rocheuse, près d'un fortin à créneaux ; de nombreux lambas blancs se détachent à l'horizon.

Le général Voyron, qui est arrivé sur la position, me donne l'ordre de me déployer et de me porter en avant ; l'ascension continue. A peine sommes-nous en mouvement que les lambas blancs se défilent et, à une distance de près de deux mille mètres, tirent dans notre direction d'innombrables coups de fusil ; c'est absurde ! Aussi, sans coup férir, rien que par une marche en ligne déployée, nous arrivons au fortin. Là, quelques retardaires qui n'ont pas eu le temps de se sauver tirent sur nous ; j'ai un tirailleur tué; deux ou trois feux de salve activent la fuite de ces malheureux qui dégringolent par les pentes sud des Ambohimena avec une vitesse vertigineuse. La poursuite commence ; le peloton du capitaine A..., des chasseurs d'Afrique, dévale des pentes rapides du contrefort ouest, trouve un plateau arrondi aux inclinaisons douces et charge les bourjanes porteurs de canons et d'affûts qui, affolés par le galop des chevaux, s'enfuient dans les ravins en abandonnant leurs charges.

La section de mon lieutenant D..., le capitaine commandant A . . . et moi entrons à Maharidaza au travers des flammes qui nous environnent et donnent à l'atmosphère une température de fournaise. Autour du village je trouve deux canons et leurs affûts, des caisses d'obus et, dans une case heureusement protégée de l'incendie, cinquante ou soixante charges de cartouches, des tonnelets de poudre, etc...

Bonne journée.

Nous entrions à Maharidaza que les marsouins et les légionnaires n'étaient pas encore arrivés au sommet de la cote 1462.

En poursuivant de nouveau les Hovas nous abordons un plateau, en forme de croupe allongée, au milieu duquel passe le sentier de Tananarive. A chaque pas nous trouvons du butin : poulets, cochons, manioc, patates, et sur les flancs des collines de nombreux bœufs sans gardiens qui, effrayés par les détonations de nos fusils, piquent des charges à travers les rizières et les mamelons.

Je fais huit prisonniers dont quatre sont assez grièvement blessés.

Notre course folle se termine et nous choisissons une position de bivouac. De mon côté, je prends des dispositions en vue de faire face à un retour offensif de l'ennemi, retour peu probable, car les Hovas ont trop envie de fuir.

Je reçois des félicitations du commandant et j'apprends que le général Voyron renouvelle ma proposition pour la croix.

20 Septembre. — Repos à Maharidaza, repos bien nécessaire, car tout le monde esi éreinté.

Nous marchons depuis le 14, à raison de dix-huit à vingt kilomètres par jour ; c'est un maximum ; c'est tout ce qu'il est permis de

demander à des Européens porteurs de leurs
sacs, surtout si l'on tient compte des difficultés
de la route. La traversée des Ambohimena a
été particulièrement dure ; les marsouins de
la brigade Voyron qui nous suivaient dans le
mouvement débordant ont, au même titre que
nous, besoin de repos. Le général en chef
décide que nous ferons séjour à Maharidaza.

Ma compagnie est aux avant-postes. Je suis
installé à mi-côte d'une colline, non loin d'un
joli ruisseau dans lequel je vais me plonger
avec délice dès la pointe du jour ; l'onde glacée
me ranime et me ragaillardit.

Le reste de la matinée, consacré à une inspection de nos hommes occupés à divers travaux de propreté, s'écoule rapidement et nous
nous retrouvons vers onze heures devant une
table improvisée où nous attend une eau
claire et fraîche qui, coupée avec un peu de
tafia, constitue à nos yeux le plus exquis des
apéritifs.

L'heure du déjeuner nous trouve tous gais,
pleins d'entrain et surtout d'appétit ; les tran-
ches de rosbif disparaissent avec une rapidité
imprudente, de mauvaise augure pour le lendemain.

Pour fêter le passage des Ambohimena

j'ouvre une boîte de londrès ; le cigare aux lèvres, savourant une tasse de café, nous nous laissons aller à la douceur de ce farniente.

La carte est déployée ; avec une joie indicible, nous calculons que dans six jours nous verrons Tananarive.

Tananarive ! Nom magique, combien de fois ne l'avons-nous pas prononcé au cours de nos causeries ! Tananarive, c'est l'inconnu, la ville mystérieuse pour la plupart d'entre nous. Les Hovas défendront-ils leur capitale ? Qui peut affirmer le contraire ?

Nous sommes à peine 2,500 hommes valides ; nous n'avons plus que pour vingt-deux jours de vivres et très peu de munitions ; devant nous c'est le désert, et si Tananarive est brûlée, si la Reine fuit sur Fianarantsoa, entraînant ses sujets avec elle, c'est la disette, la panique. Sera t-il possible de retenir nos troupiers affamés ? Si les communications avec Audriba sont coupées, ce sera la mort et la mort par la faim, la plus effroyable.

Au village de Kinajy nous avons trouvé des affiches, des lettres ainsi conçues : « *Français, ne franchis pas les Ambohimena ; il en est temps encore, tu peux revenir vers la mer, sinon l'Imerne sera ton tombeau* ».

Pas folâtres les prédictions Hovas, mais

ces plaisanteries négrillonnes n'étaient pas faites pour émotionner de vieux coloniaux comme nous ; c'est le sourire blagueur aux lèvres que nous nous arrêtions devant les menaces de ces « terribles » fier-à-bras qui s'étaient tenus toujours si prudemment à une distance infiniment respectueuse de nos baïonnettes.

Enterrer des marsouins, allons donc, Messieurs les Hovas, vous voulez rire ! Vous ignorez sans doute le refrain de nos régiments :

« Le vrai marsouin — et sur terre et sur mer —
« Se fout pas mal des qnatre-z-éléments ».

Méditez ce refrain, chevaliers du « trac » au pied rapide.

Pour tuer les quelques heures qui nous séparent de notre dîner, j'interroge les deux prisonniers que j'ai pu garder sur les huit pris à Maharidaza ; ces braves gens, réconfortés par un bon déjeuner, sont tout disposés à un long kabar. Ce ne sont pas des prisonniers de guerre, à proprement parler, mais de misérables bourjanes, de pauvres bougres d'esclaves traînés au combat, simples porteurs de charges improvisés soldats, sans discipline, sans cohésion.

D'après leurs renseignements, les Ambohimena étaient défendus par douze pièces de
canon et environ six mille hommes. Les trois
chemins principaux étaient battus par les
pièces. Les six mille Hovas destinés à la
défense étaient répartis en trois groupes principaux ; une simple marche en avant, un
mouvement débordant vigoureusement mené
ont suffi pour mettre en déroute ces vaillants
guerriers dont l'unique préoccupation, du
reste, était de sauver leurs canons et leur
existence. Aussi, dès que leurs chefs voyaient
notre infanterie en marche de bataille, ils
chargeaient aussitôt leurs pièces et filaient de
toute la vitesse de leurs jambes.

L'infanterie ennemie n'était d'ailleurs point
commandée ou l'était d'une façon plus que fâ-
cheuse. Un dixième ou douzième Honneur
avait sous ses ordres un millier de soldats
environ ; avant notre arrivée sur la position
occupée par lui, ce digne fonctionnaire donnait
gravement des instructions à ses subordonnés,
leur signalait les passages à défendre; mais,
dès les premiers coups de feu, au lieu d'en-
courager ses hommes par sa présence, de les
stimuler par l'exemple, il rassemblait ses porteurs, montait sur son filanzane et fuyait très
loin, aussi loin que possible pour mettre sa

précieuse personne hors d'atteinte des balles. Bientôt après, les gradés inférieurs suivaient le même chemin, non sans recommander le plus sérieusement du monde à leurs soldats d'être héroïques et quant au troupier, au dernier défenseur de la position, il n'attendait que le départ de son chef immédiat pour lui emboîter le pas.

Avec de telles troupes, le royaume de Ranavalo III était bien gardé !

Mamai — c'est le nom d'un de mes prisonniers — était resté l'un des derniers, brûlant jusqu'à complet épuisement ses peu nombreuses cartouches.

Poursuivi ensuite par un détachement de chasseurs d'Afrique, il s'était caché derrière un talus de rizière, et c'est là, harassé de fatigue, n'ayant pas mangé pendant deux jours, qu'il avait fini par se faire prendre par mes tirailleurs.

Pendant que je cause avec Mamai, avec le secours de mon interprète, un de mes sergents indigènes, envoyé en patrouille, me ramène deux femmes : l'une est vieille comme le temps, une véritable ruine, et peut à peine marcher ; l'autre, malade, relevant de couches probablement, allaite et serre contre elle un affreux marmot noir.

Les Hovas, pour obliger les habitants à fuir.
ont raconté à ces pauvres gens d'horribles
histoires : les Français dévorent les petits
enfants, violent les femmes, coupent les gens
en morceaux, etc....

Aussi la terreur est-elle peinte sur la physionomie de ces femmes qui s'attendent aux pires
supplices. Elles ne peuvent pas croire à la
réalité des faits quand, sur mon ordre, on leur
donne à manger et à boire. Je fais absorber
quelques pilules de quinine à la jeune mère
qui grelotte de fièvre et de peur.

La vieille glousse de joie et se précipite vora-
cement sur une platée de riz. Une fois rassasiés
ces malheureux se roulent dans leurs lambas,
accroupis près du feu et s'endorment en priant
— s'ils savent prier — remerciant le Dieu des
Hovas d'avoir mis sur leur route un « vaza »
(Européen) aussi compatissant.

21 Septembre. — La nuit a été rigoureuse ;
un vent froid, violent, n'a cessé de souffler ;
vers deux heures du matin, une sorte de gelée
blanche s'est abattue sur nous et c'est devant
un immense foyer d'herbe sèche que je m'ha-
bille ; un verre de café bouillant achève de
nous réveiller.

En route... Il est quatre heures.

L'étape est longue, mais le chemin relativement facile.

Le sentier que nous suivons s'allonge sur la ligne de faîte d'un large plateau. A l'ouest, les monts de Tampoketsa forment une vaste table rocheuse, aux arêtes vives et dénudées ; cette masse imposante cache complètement notre horizon comme un rideau immobile. A l'est, se profilent, s'élevant à cent mètres au-dessus du plateau, les rochers de l'Angavo ; la nature les a si bizarrement découpés qu'ils causent au spectateur une impression terrifiante ; on dirait d'une immense proue de navire fendant de son éperon géant une mer de verdure et d'herbe jaune ; au sommet de l'Angavo se dresse, menaçante, comme à l'avant de nos anciens vaisseaux, véritable figure de cauchemar, une façon de tête hideuse, au front chauve, à la bouche gigantesque et déformée par une horrible grimace.

La journée de repos de Maharidaza a fait du bien à nos tirailleurs ; un soleil ardent les ranime et c'est d'un pas alerte que l'étape est franchie.

A dix heures et demie, nous prenons notre formation de bivouac ; la 2e compagnie de notre bataillon va s'installer au village d'An-

kazobé, au pied duquel coule une rivière du
même nom, et qui a été à peu près respecté
par les flammes.

La rage de destruction des Hovas semble
s'être calmée. Jusqu'à Andriba et même dans
la plaine d'Andriba, ils ont tout brûlé systé-
matiquement, ce qui était du reste facile,
les villages étant disséminés et très peu nombreux. Mais, depuis les Ambohimena, nous
touchons à l'Imerina (Emyrne), c'est à dire à
leur véritable pays. Aussi voyons-nous intacts
des villages entiers. Il n'y a guère que ceux
qui se trouvent sur notre route qui soient
incendiés.

Rien ne vient troubler notre tranquillité ;
pas un Hova à l'horizon ; nous passons une
après-midi fort tranquille, une nuit parfaite.

22 Septembre. — Départ pour Antoby. Le
pays change légèrement d'aspect ; les villages
sont plus nombreux ; au loin nous apercevons,
coquettement étagées, d'élégantes cases en pisé
recouvertes de chaume ; quelques villages avoi-
sinant Antoby sont à demi enfouis sous de
grands arbres verts ; autour du mamelon que
nous gravissons, l'Ankazobé serpente, tantôt
étroite, tantôt s'élargissant et venant s'épandro

au milieu de vastes rizières. Devant nous se dresse la longue chaîne des monts Ankarahara, au pied desquels coule en cascade l'Andranobé, gracieuse petite rivière dont le cours capricieux contourne les rotondités du massif d'Antoby.

23 Septembre. — Aujourd'hui, grosse étape. Pendant cinq heures, nous montons, nous montons sans cesse. Les monts Ankarahara se divisent en deux sections que sépare un large col; la première est relativement facile à franchir ; les pentes nord sont douces et la route ou plutôt le sentier suit continuellement des lignes de plus faible pente. Pendant une heure environ, nous marchons sur un immense plateau à l'horizontalité parfaite et dont la direction générale est perpendiculaire au massif montagneux de l'Ankarahara,

La deuxième partie du massif dont nous apercevons au loin le profil heurté nous réservera de pénibles ascensions, une fin d'étape longue et fatigante.

A neuf heures du matin, la première partie était franchie ; la colonne allait s'engager dans le col quand les chasseurs d'Afrique signalent l'ennemi sur le sommet extrême du flanc sud ; nous prenons nos jumelles et nous apercevons en effet des lignes de tirailleurs ennemis s'échelonnant depuis le fond du col jusqu'au sommet.

Le colonel B... nous donne l'ordre à S... et à moi de tourner, avec nos compagnies, le massif par la droite.

A peine notre mouvement est-il dessiné que les lambas blancs déchargent leurs fusils ; ils sont à 1.800 mètres ; leur tir est sans efficacité. Nos deux compagnies, précédées par huit chasseurs d'Afrique marchant en éclaireurs, arrivent au sommet de l'Ankara-hara ; les Hovas ont fui ; nous les apercevons dans la plaine de Piohana fuyant rapidement. Il nous faudrait de l'artillerie, car l'ennemi est au moins à trois kilomètres, mais les difficultés d'ascension sont telles qu'elle ne peut arriver à temps.

Les pentes du versant sud de l'Ankarahara sont douces et viennent mourir dans la plaine de Piohana. La descente, quoique facile, est fort longue, vu l'irrégularité du sol et les lambas blancs profitent de la lenteur de notre marche pour se mettre hors de portée de nos fusils. Nous voyons les grands chefs, en filanzane, fuir de toute la vitesse des jambes de leurs porteurs et disparaître derrière les sinuosités de sol qui s'appuient aux monts du Lahavohitra.

A onze heures, nous recevons l'ordre de nous arrêter ; l'immense plaine de Piohana nous offre l'emplacement d'un bivouac parfait ; nous nous installons ; nos popotes arrivent. Le fidèle Saleh' nous prépare un substantiel déjeuner que nous dévorons avec appétit.

Le reste de la journée est consacré à l'installation des hommes et à l'établissement des postes de sûreté.

Six heures arrivent vite ; aussitôt notre dîner expédié, nous allons nous coucher, car la journée à été rude.

24 Septembre. — Jour de repos pour les troupes. Quant à ma compagnie, elle est désignée pour aller reconnaître le gué de Kiliane, à huit kilomètres du bivouac ; d'autre part une compagnie d'Haoussas est chargée de faire évacuer les pentes du Lahavohitra où a dû se réfugier et se retrancher une troupe de Hovas.

Avec moi, part une compagnie de marsouins, sous le commandemant du capitaine

R... ; le commandant B...-C... dirige l'ensemble.

Nous arrivons sans encombre au gué du Kiliane, très facile à franchir et aux abords duquel on ne trouve aucune trace de défense ; nous n'avons aperçu aucun lamba blanc. Notre reconnaissance devient une simple promenade fort attrayante qui dure toutefois jusqu'à onze heures du matin. En revenant, nous avons traversé de riches villages presque tous intacts, abondamment pourvus de vivres de toutes sortes et mes tirailleurs ont rapporté poulets et porcs, bonne aubaine !

En même temps qu'un troupeau de bœufs de vingt-quatre têtes, mon adjudant ramène quinze prisonniers, pauvres diables abrutis par la peur qui se sont laissé emmener sans résistance.

J'oubliais de noter que, comme nous traversions un village, un médecin norvégien, qui avait eu la précaution d'arborer sur sa maison le drapeau de la Croix de Genève, est venu à notre rencontre. Il nous a donné sur les Hovas de précieux renseignements.

La démoralisation est complète dans leurs rangs, et, détail qui a son importance, un officier anglais, le major Grebs, qui jusqu'à ce moment, a tout dirigé, qui a placé et même pointé

les pièces d'artillerie, découragé d'avoir à com-
mander ce peuple de couards, a fui sur la
route d'Ambohimanga, peu soucieux d'appren-
dre à la Reine et au premier ministre les brillants insuccès qu'il a remportés jusqu'ici,
grâce à la « valeur » de ses troupes.

En résumé, soldats et porteurs ennemis sont
éreintés, meurent de faim, et, peu enchantés
d'un surcroit de travail sans augmentation de
salaire, ils n'aspirent qu'à la fin des hostilités.
Les officiers Hovas eux-mêmes, gens paisibles
par excellence, voient avec peine leurs maisons
de Tananarive et leurs richesses à la merci de
la convoitise du premier ministre et de ses
dignes acolytes...

... Les Haoussas, envoyés en même temps
que nous, ont, de leur côté, tiré quelques feux
de salve et dégagé les flancs du Lohavohitra.
Demain, la route sera libre.

25 SEPTEMBRE. — La route est libre en effet.
Les Hovas, chassés la veille du mont Lohavohitra, ne songent pas à nous inquiéter. C'est donc
sans avoir combattu, sans même avoir aperçu le
moindre ennemi, que nous arrivons au village
d'Ampotokana (cote 1350 de la carte au colonel
de Beylié) ; celui de Babay que nous croyions

occupé et fortement défendu paraît complétement abandonné.

Ma compagnie est aux avant-postes ; je prends position sur le plateau de la cote 1350 et je fais occuper chacun des deux villages par une section, dont l'une est cantonnée dans un temple.

De la cote 1350, je domine toute la plaine environnante et j'ai vue sur un fort massif rocheux barrant la route de Nosivala.

Vers dix heures et demie du matin, les lambas blancs commencent à se montrer en nombre dans un village qui semble accroché au flanc du massif ; à notre droite, sur une crête mamelonnée, d'autres Hovas paraissent faire des travaux pour l'établissement d'une batterie.

Les officiers de renseignements que je fais prévenir inspectent la position des Hovas et se portent au-delà du village d'Ampotokana pour s'assurer, à la jumelle, des travaux commencés et des positions occupées.

Toute la journée, c'est un va-et-vient incessant ; le nombre des ennemis augmente de minute en minute. Le haut commandement s'inquiète, les reconnaissances d'officiers se multiplient. Serait-ce la grande bataille tant désirée ?

Les précautions prises pour la nuit sont très sévères. L'inquiétude des grands chefs me gagne à mon tour, car je crains que la vigilance de mes tirailleurs et même de mes sous-officiers, harassés de fatigue, ne se relâche et qu'ils ne se laissent aller au sommeil.

Je me fais préparer du café et, m'abritant derrière un rocher, je me roule dans une couverture; mais, pour secouer ma torpeur, je me lève fréquemment, me promène en fumant des cigarettes, luttant contre un sommeil invincible qui me ferme les paupières; à minuit, sous des doses répétées de café, je finis par en triompher et, le cerveau surexcité, je passe quatre heures pleines d'émotions, de rêves, de tragiques et de douces pensées.

Le silence de la nuit n'est troublé que par le pas cadencé de la sentinelle qui veille à côté de moi. Les bruits les plus étranges arrivent à mon oreille; tantôt, c'est le vol d'un oiseau de nuit qui me frôle de son aile, tantôt, une rafale qui arrive en mugissant et vient comme s'écraser en furie sur le rocher qui m'abrite, ou c'est le râle d'un fiévreux, d'un malade dont la plainte, sorte de hoquet de douleur, me fait tressaillir malgré moi.

Mes yeux, habitués à l'obscurité, distinguent les objets qui m'entourent, dont on dirait qu'ils sont enveloppés d'un voile de crêpe ; la lumière diffuse des étoiles agrandit les silhouettes imprécises, leur prête des formes non vues, comme des apparitions de cauchemar.

Au moindre bruit, je sursaute, je porte la main à la poignée de mon revolver ou alors, quels que soient mes efforts pour réagir, je cache ma tête sous ma couverture, essayant de fuir les troublantes visions, les images fantastiques qui dansent devant moi, emportées dans un tourbillon, en une ronde infernale. A ceux qui reprocheront à un soldat, à un officier, ces craintes qui paraîtront puériles, à ceux qui ne connaissent pas l'angoisse des nuits troubles, qui n'en ont jamais savouré la délicieuse ter-reur, je répondrai par ce mot du maréchal Ney : « Quel est le jean-f.... qui n'a jamais eu peur ? »

Pour chasser ces cauchemars, j'évoque de lointains souvenirs : figures frêles, chevelures blondes, visages riants et mutins, lèvres roses aux baisers qui furent de tendres morsures, joies et tristesses vite envolées, amours brèves, ce sont ces pages de ma vie — faites de menues choses très puériles et très douces à la fois — que je feuillette mélancoliquement et qui me font oublier l'heure présente.

26 Septembre. — Le soleil vient me surprendre, toujours rêvassant.

Aux premières lueurs, l'avant-garde, composée des troupes de la guerre, s'est mise en marche et dépasse ma compagnie.

Les mouvements de l'ennemi ont dû cesser, mais quelques feux au loin m'indiquent qu'il n'a pas fui. Je m'attends au combat. La position choisie par les Hovas est excellente ; auront-ils l'énergie de la défendre et de la conserver ?

Le général en chef passe à mes côtés et me demande des renseignements sur l'ennemi ; je lui donne tous ceux que je possède et, comme le général désire connaître mon opinion sur la fuite probable des Hovas, j'ajoute que je crois que l'avant-garde rencontrera sûrement l'ennemi.

Quelques instants plus tard, le feu est ouvert. La légion, qui était à l'avant garde, se déploie rapidement ; deux pièces sont mises en batterie et la « fête » commence. Arrivés au pied du massif rocheux, les légionnaires déposent leurs sacs, mettent baïonnette au canon et grimpent à l'assaut, pendant que l'artillerie protège et appuie leur mouvement.

Les Hovas sont bien retranchés derrière des rochers, dissimulés par un pli de terrain ; ils essayent d'abord de résister , font pleuvoir pendant vingt minutes une grêle de balles sur les légionnaires — qui ont deux tués et sept blessés — mais ils ne tardent pas à être bousculés et ils s'enfuient par le sentier de Nosivala , laissant beaucoup d'entre eux sur le terrain.

Le feu cesse et la marche en avant reprend. La brave légion, émoustillée par ce réveil joyeux, serre de près les lambas blancs qui se dispersent et continuent à fuir dans toutes les directions.

La brigade de marine défile devant nous ; à onze heures je me mets en route pour escorter un échelon du convoi. Les continuels à coups de la colonne rendent la marche extrêmement fatigante.

A six heures du soir, nous arrivons à notre bivouac après avoir franchi la cote 1369, point d'où nous apercevons Tananarive. Malheureusement le ciel est couvert ; une brume épaisse s'élève au-dessus de la montagne d'Ambohidratimo et nous permet à peine de distinguer le palais de la Reine ; encore faut-il avoir de puissantes jumelles.

Qu'importe ! C'est un coin du voile cachant la ville mystérieuse qui se déchire. Le but est prêt d'être atteint ; encore quelques efforts et nous entrerons en vainqueurs dans ce Palais d'Argent dont les tourelles dominant la plaine, s'élèvent orgueilleusement sur le plateau de l'Emyrne.

L'impression heureuse que j'en ressens dissipe un peu ma fatigue.

Une heure plus tard, pleins d'entrain et d'ardeur, autour d'un fameux potage, nous formons des projets d'avenir, car la victoire nous semble maintenant certaine.

Etrange chose que notre caboche humaine ! Pauvres marionnettes que nous sommes puisqu'il suffit d'un faible rayon d'espérance, d'un bout de ville aperçu au milieu de la brume pour transformer subitement nos pensées moroses en rêves fous, pour relever nos courages abattus et pour faire, à nos yeux, d'un horizon voilé de noir, brouillé de nuages épais, un ciel radieux et pur.

27 Septembre. — Nous bivouaquons dans la plaine de Mahatzingo à deux kilomètres en arrière du grand marché d'Alakamitsy.

Les deux brigades bivouaquent accolées. Nous attendons d'un moment à l'autre la réserve sous le commandement du colonel de L...

Cette réserve se compose, je l'ai dit, de deux compagnies d'Haoussas, de deux compagnies d'infanterie de marine et de deux compagnies du 200e. Ces deux dernières sont réduites à l'effectif de 40 hommes. C'est tout ce qui reste du malheureux régiment !

Quant au 40e bataillon de chasseurs à pied dont les débuts avaient été très brillants à Mevatanana et surtout à Tsarasoatra, il a disparu complètement. Tous ses hommes ont été évacués ou sont morts ; il ne sera même pas représenté quand nous entrerons à Tananarive.

Quels enseignements pour l'avenir ! Est-ce donc par une sorte de fatalité que les leçons du passé restent toujours lettre morte ? Et nous avions cependant l'exemple fâcheux des campagnes de Cochinchine, du Tonkin, du Dahomey — surtout du Dahomey. — Encore une fois, l'élément Européen était trop nombreux et c'est pourquoi tant d'hommes n'ont pu résister aux fatigues et aux maladies qu'a occasionnées la campagne.

Pourquoi aussi confier le commandement d'une guerre coloniale à des généraux de la guerre ? Leurs travaux antérieurs ne les ont nullement préparés à une semblable tâche. N'oublions pas que, depuis vingt-cinq ans, à part nos entreprises militaires lointaines, nous n'avons pas eu de guerre.

La conduite d'une expédition coloniale exige la connaissance approfondie d'une infinité de détails qu'une longue pratique, un milieu et une tournure d'esprit spéciaux, permettent seuls d'acquérir. Ce qui est exact pour le haut commandement l'est *a fortiori* pour les officiers de tous grades, qui, lorsqu'ils trouvent une difficulté, un obstacle à franchir, une solution à trouver, n'ont qu'à chercher dans leur mémoire, à faire appel à l'expérience obtenue dans d'autres colonies pour trouver par analogie la solution prompte, juste, simple et pratique.

Le soldat, de qui vous n'avez à exiger que ce qu'il peut donner dans telles ou telles circonstances, a une foi aveugle en vous ; il se livre tout entier ; son moral est toujours à la hauteur de la tâche imposée et cette confiance, il en traduit l'expression par cette phrase, d'une tournure hardie, mais imagée :

« Le capitaine, « y » la connaît dans les bidons, « y » nous laissera pas dans la m...! »

... La journée est consacrée à la concentration de toutes les troupes de la colonne volante qui, réunie, comprend :

1º Le général en chef et son Etat-major.

—

2º Brigade de la guerre. — Général Metzinger et son Etat-major :

2 bataillons d'algériens. ...	1.200	fantassins
1 bataillon de la légion	300	»
2 compagnies du 200ᵉ......	80	»
1 batterie d'artillerie	»	»
1 peloton de cavalerie	»	»
Total..	1.580	fantassins

3º Brigade de marine. — Général Voyron et son Etat-major :

2 bataillons du 13ᵉ régiment d'infanterie de marine....................	720	fantassins
Bataillon Malgache.........	580	»
Bataillon d'Haoussas	640	»
1 batterie d'artillerie........	»	»
Total........	1.940	fantassins

En défalquant le nombre des indisponibles, celui des hommes disparus, etc., et en comptant artilleurs et cavaliers, c'est, en chiffres ronds, 3.500 hommes qui vont enlever d'assaut, à 400 kilomètres de toute communication, une ville de près de 100.000 âmes, ville bâtie en étages, sur une colline aux abords presque infranchissables.

Ajoutez que Tananarive, d'après les renseignements fournis au grand Etat-major, peut être admirablement défendue par une artillerie formidable, des canons, 25.000 fusils, etc., etc. (1)

28 Septembre. — Nous quittons le bivouac à quatre heures. Le bataillon est chargé de protéger le flanc droit de la colonne qui, partie de Mahatzingo, s'avance sur Ambohimanga par la route qui borde les mouvements de terrain et les crêtes rocheuses situés au nord-est de la ligne Ambolomelego-Imerimandroso.

Ce crochet vers l'est est nécessité par les difficultés de marche que nous rencontrerions

(1) L'armée hova, heureusement pour nous, n'avait pas de chefs ; ses efforts ont toujours tendu à atteindre un point unique de notre ligne ; si elle avait été commandée et guidée, c'en était fait de nous. Mais, en gens prudents et ménagers de leur peau noire, les quatorzièmes et quinzièmes honneurs donnaient leurs ordres de loin, de très loin, et les pauvres esclaves, soldats improvisés, armés de fusils qu'ils ne savaient pas manier, brûlaient rapidement leurs cartouches, dont l'épuisement leur était une excuse, afin de pouvoir rejoindre leurs maîtres le plus tôt possible.

si nous voulions aborder Tananarive par le
Nord, car l'Ikopa et le Mamba forment à leur
confluent une vaste plaine couverte de rizières, de marais, de bas-fonds qui rendraient la
route très difficile et le passage de l'artillerie
impossible.

Tandis que les abords de Tananarive par l'est
et le sud sont aisés, la route d'Ambohimanga
traverse une série de mouvements de terrain
dont le dernier — cote 1360 — domine entièrement la ville ; les collines d'Ankatso, situées
au sud-est de l' « Observatoire » constituent
une position solide, facilement accessible et
dont l'occupation rend intenable l'Observatoire
et les bas quartiers de Tananarive.

Voici d'ailleurs, si on veut avoir une idée
de la topographie des lieux la description très
exacte qu'en a faite le Docteur Catat, si je ne
me trompe :

« Tananarive est bâtie sur une colline, dont
le point culminant, le palais de la reine, est à
1,420 mètres d'altitude et se distingue de fort
loin. La colline s'étend du nord au sud sur une
longueur d'environ trois kilomètres et sur une
largeur moyenne d'un millier de mètres. C'est
un gros massif de gneiss et de granit, s'élevant
à 150 mètres au-dessus de la plaine. Du côté
de l'Orient, cette colline est rattachée aux

monticules voisins par quelques contreforts ; partout ailleurs, elle se trouve isolée au milieu des rizières de la vallée supérieure de l'Ikopa. Les versants sont très escarpés à l'ouest, au sud et à l'est ; dans la partie méridionale, en certains endroits, les rochers sont à pic, et même en surplomb. Dans la partie septentrionale les pentes sont moins rapides ; deux ramifications partent des hauteurs et vont, en s'abaissant peu à peu, se perdre dans la plaine. De loin, l'aspect de la capitale hova est des plus pittoresques, avec son amoncellement de maisons groupées sans ordre sur les pentes, au milieu desquelles apparaissent par places des bâtiments modernes de construction soignée. »

Pendant toute la matinée, nous sommes en contact avec les tirailleurs hovas, dont le tir, comme toujours, se fait à une très longue portée. Cette fusillade inquiète un peu notre marche.

Deux ou trois groupes ennemis cherchent, par un mouvement tournant, à couper nos convois et prononcent une attaque assez vive sur un de leurs échelons.

Il s'est même passé à ce propos un fait que

bien peu d'historiens de la guerre relateront, sans doute, mais qui mérite qu'on en fasse mention, car il est une nouvelle preuve de la valeur guerrière de nos braves Sénégalais. Le voici :

Le capitaine G..., qui commandait l'échelon du convoi surpris, avait comme conducteurs des Sénégalais, forts gaillards, admirablement bâtis, que le commandement avait armés à la hâte de fusils 1874, de carabines de gendarmerie et de... bâtons.

Le convoi attaqué, les Sénégalais se groupent autour du capitaine G..., lui demandant de combattre et de courir après l'ennemi. « Nous te ramènerons des captifs », disaient-ils dans leur charabia.

Pressé de tous côtés par ces grands diables, G..., conservant seulement le nombre de conducteurs nécessaire pour la garde de ses mulets, lâche le reste de mes gaillards qui, à peine libres, sautent dans la rizière, les uns ayant à peine six ou sept cartouches, les autres munis de couteaux ou porteurs de cordes, et se précipitent sur les Hovas en hurlant comme des possédés.

A la vue de ces démons noirs, les Hovas, pris d'une panique folle, se sauvent à toutes jambes et certainement les Sénégalais les auraient poursuivis jusqu'à Tananarive, si le capitaine G... ne leur avait intimé l'ordre formel de rentrer.

Voilà les hommes qu'il nous aurait fallu avoir dès le début de la campagne et pendant toute sa durée. Avec deux bataillons de Sénégalais, le 200e et le 40e bataillon de chasseurs auraient pu rester en France.

Quelques feux de salve éloignent l'ennemi et, à neuf heures, nous reprenons la tête de la brigade de marine pour nous arrêter vers onze heures dans la plaine de Nosi où nous bivouaquons ; deux compagnies de notre bataillon sont aux avant-postes.

Nous ne sommes plus qu'à quelques kilomètres d'Ambohimanga, où, d'après le dire des habitants, les Hovas ont réuni beaucoup d'approvisionnements en munitions, et dont ils préparent une énergique défense.

La nuit est tranquille ; pas un coup de fusil. C'est décidément charmant de faire la guerre avec ces aimables lambas blancs. Il leur était pourtant facile de venir, deux ou trois heures avant le lever du jour, par groupes éloignés les uns des autres, et de tirer des feux de salve sur nos bivouacs ; tout le monde, aurait été sur pied ; il en serait résulté, surtout si près de Tananarive, une alerte sérieuse et, nos hommes ne pouvant se reposer la nuit, la moitié de la colonne volante n'aurait pas tardé à être sur le flanc.

29 Septembre. — C'est la brigade de la guerre qui prend la tête. Notre bataillon forme l'avant-garde de la brigade de marine.

Nous levons le bivouac à cinq heures et venons suivre la route d'Ambobimanga, à quelques kilomètres du gros village de Lazaïna.

L'avant-garde de la colonne est attaquée aux abords du marché de Sabotsy par des tirailleurs ennemis qui, abrités derrière des talus de rizières et des murs en pisé, font éprouver quelques pertes aux tirailleurs algériens : les lieutenants Z... et L... et quatre tirailleurs sont blessés.

La marche est très lente ; il faut faire déloger successivement l'ennemi de ses positions.

A onze heures du matin, nous prenons sur le pouce un déjeuner froid et vers une heure de l'après midi la marche reprend.

Nous atteignons Ilafy ; les Algériens et les légionnaires en couronnent les hauteurs et commencent à gravir les collines d'Ankatso près du village de Nanandona.

Un fort rassemblement hova se montre du côté de Tsarasotra, propriété du premier ministre. Le général Voyron donne l'ordre au commandant B.....-C..... de prendre deux compagnies Malgaches — dont la mienne, — deux compagnies d'infanterie de marine et de courir sus aux Hovas. Une batterie d'artillerie suit ma compagnie et se met en batterie au nord d'Ambohitraraba pendant que nous nous portons sur Tsarasotra par Alarobia.

Nous sommes accueillis par des feux de salve ; un marsouin de la compagnie R..., est blessé. Le lieutenant P..., déployant le drapeau du 13e d'infanterie de marine, l'expose pendant vingt minutes aux balles Hovas pour qu'il reçoive le glorieux baptême du feu.

L'artillerie couvre de projectiles les groupes Hovas qui se dispersent et s'échappent par les rizières du Mamba.

Notre mission est remplie. Il est cinq heures du soir. Nous rentrons. Pendant que je rassemble mes hommes, un hova, plus courageux que les autres, tire sur moi deux coups de fusil qui impressionnent seulement mon cheval, l'excellent Fleurus.

Nous avons fait trois prisonniers, dont un,

pris par S... et moi ; le pauvre diable avait compté sans la vitesse de nos chevaux et croyait avoir le temps de fuir ; mais, en se retournant, il se vit serré de si près, qu'il se sentit perdu ; il s'arrêta brusquement, laissant tomber son fusil ; il s'agenouilla, la terreur peinte sur son visage, et demanda grâce. Ramené entre nos deux chevaux, il est remis au général en chef.

A six heures, nous prenons notre emplacement de bivouac au sud d'Ilafy. Je suis éreinté et meurs de soif et de faim ; mon lieutenant B... n'en peut plus également ; il est couvert de furoncles et de plaies ; il a la fièvre.

Mais nous oublions nos fatigues, à la consolante pensée que nous coucherons demain à Tananarive ; le Palais d'Argent qui se dresse devant nous et domine la plaine d'alentour n'aura plus de secrets pour nous et les demoiselles d'honneur n'ont qu'à bien se tenir et à apprêter leurs plus gracieux sourires.

Encore un coup de collier. A demain la grande et dernière fête !

Nous apprenons dans la soirée que le général Metzinger nous demande pour exécuter avec sa brigade un mouvement débordant sur la gauche de la ligne ennemie et prendre l'Observatoire, point dominant le côté sud-est de la ville.

30 Septembre. — **Prise de Tananarive.** — Départ du bivouac à quatre heures. Nous commençons l'ascension des collines parallèles à la route d'Ambohimanga ; leur altitude, leur direction Nord-Sud nous permettront d'arriver jusqu'à l'Observatoire en suivant constamment une ligne de faîte dominant tout le pays environnant.

Nous sommes à 1440 mètres d'altitude ; il fait un froid noir ; je suis glacé ; j'attends avec impatience les rayons du soleil pour me réchauffer un peu. Pendant quatre heures nous marchons sans être inquiétés et nous arrivons ainsi à portée de canon des collines d'Ankatso ; elles ont l'air fortement occupées, de même que les villages d'Ambotomaro et d'Andraisoro.

Le chemin suivi étant particulièrement difficile, l'artillerie met beaucoup de temps à nous joindre.

Dès que les batteries sont installées, le général Metzinger donne l'ordre à notre bataillon d'attaquer les collines d'Ankatso ; ma compagnie et la troisième doivent se porter directement à l'assaut de la colline, tandis que la quatrième et la seconde s'empareront du village d'Ambatomaro.

A peine descendus dans les rizières, nous sommes accueillis par une fusillade nourrie. Les Hovas, qu'abritent des blocs de rochers, tirent juste et mes tirailleurs, en position d'attente derrière un mur, ne se soucient guère d'affronter les balles. Quelques coups de canne, vigoureusement appliqués sur les épaules de ceux qui courbent trop la tête, suffisent toutefois pour les lancer en avant et mon lieutenant D..., prenant la tête du premier peloton, les entraîne vigoureusement à l'assaut des collines.

La troisième compagnie, qui se trouve à gauche, appuie ce mouvement. Mon second peloton arrive quand M. D..., avec un entrain et une audace dignes de tous éloges, atteint le sommet et fait quatre prisonniers.

Au cours de cette opération, j'ai deux tirailleurs blessés et le lieutenant D... reçoit une balle dans le bras gauche.

Pour laisser à l'artillerie le temps de nous rejoindre, nous devons attendre une heure et demie et subir, dissimulés derrière la crête des collines le feu des Hovas ; mais leur tir est beaucoup trop long et leurs projectiles ne nous atteignent pas.

Enfin l'artillerie arrive ; elle a pu triompher des difficultés du terrain ; trois pièces sont mises en batterie et ouvrent le feu sur l'ennemi ; quant à nous, nous dévalons par les pentes des collines d'Ankatso pour nous porter sur l'Observatoire qui, lors de notre venue, est déjà évacué. Il a suffi de quelques obus pour mettre en fuite les Hovas.

Nous trouvons un canon et de nombreuses munitions ; la hausse manque au canon ; qu'importe ; nous nous improvisons artilleurs ; celui-ci est pointeur, ceux-là sont servants de droite et de gauche et, aidés par nos sous-officiers, nous tirons des obus Hovas sur le palais de Sa Majesté Ranavalo III. Cet amusant bombardement qui dure vingt minutes nous tient en joyeuse humeur.

Il est deux heures de l'après midi.

En même temps que nous nous emparions des collines d'Ankatso, les tirailleurs algériens de la brigade Metzinger prononçaient sur la droite de l'Observatoire un mouvement offensif, dont le but était de s'emparer des hauteurs que traverse la route de Tamatave. Pendant que s'effectue ce mouvement, une section trop imprudemment engagée est surprise par un feu très vif et bientôt forcée de battre en retraite pour s'abriter derrière un petit monticule et attendre des renforts ; cette section a vingt-deux blessés ; quatre tirailleurs et un sergent-major abandonnés, également blessés, dans une case d'un village, sont pris par les Hovas et horriblement mutilés.

Les renforts arrivent, la marche en avant reprend et, naturellement, les Hovas s'enfuient piteusement.

La brigade de marine (général Voyron) a pour axe de marche la route d'Ambohimanga. Sa mission est de s'emparer des collines situées au nord de l'Hôpital Anglais et d'y établir une batterie afin de bombarder le centre et le nord de la ville.

Après une série d'escarmouches, après avoir dissipé les tirailleurs ennemis, la brigade occupe les hauteurs de la cote 1350 et 1340.

A l'arrière-garde, le bataillon Haoussa a eu à refouler une attaque des Hovas qui, partis de la ville sainte d'Ambohimanga, ont tenté de couper nos convois. Cette attaque repoussée, le bataillon Haoussa et le reste de la brigade de marine sont venus prendre leurs emplacements.

Notes annexes sur la prise de Tananarive. —
Pendant que nous cherchions (avant-garde de
la brigade Metzinger) à gravir les collines d'Ankatso et à nous emparer de l'Observatoire, la
brigade de marine placée à notre extrême
droite partait d'Ilafy et avait pour direction de
marche les trois mamelons successifs qui
bordent au sud le village d'Analamitsy.

Le bataillon des tirailleurs algériens servait
de lien entre les deux groupes.

Le groupe Metzinger se trouvait déjà suffisamment engagé, quand le général en chef
donna l'ordre au bataillon d'infanterie de
marine de se porter en avant et de s'emparer
des hauteurs d'Analamitsy; ce mouvement
était nécessité par un échec que, par suite
d'une manœuvre prématurée, venaient de
subir les Turcos qu'il fallait dégager de leur
position critique.

Les hauteurs d'Analamitsy étaient défendues par une batterie hova et de nombreux
tirailleurs. Une compagnie d'infanterie de
marine du bataillon B... C..., capitaine R...,
reçut l'ordre de suivre la route d'Ambohimanga et de protéger le flanc droit; la 2ᵉ compagnie du même bataillon à l'abri des manguiers qui couvrent les abords du village de
Tsinandy put s'avancer, sans être inquiétée

autrement que par un tir d'artillerie mal ajusté, jusqu'à une bonne partie des crêtes, tandis que la 3e compagnie marchait vers un point appelé le « Cimetière des suppliciés ».

La 4e compagnie était en réserve.

Les feux de la compagnie R... eurent rapidement raison de la résistance des Hovas ; deux heures après le commencement du mouvement, le bataillon d'infanterie de marine couronnait la crête où bientôt venaient se mettre en batterie quatre de nos pièces dont l'objectif était une barricade construite sur la route d'Ambohimanga.

Les renforts envoyés à la compagnie des turcos malmenée permirent à toute la ligne de prendre une vigoureuse offensive.

Il convient maintenant de dire quelques mots en ce qui regarde les positions principales occupées par nos troupes, en vue de l'attaque générale. A deux heures, le front d'attaque a pour extrême droite la route d'Ambohimanga, pour centre la cote 1360 et pour extrême gauche l'Observatoire.

La capitale hova est ainsi dominée de tous côtés et nos canons n'ont plus qu'à choisir l'endroit précis pour y loger nos obus. Les batteries sont en place, le bombardement peut commencer ; les colonnes d'assaut sont formées et n'attendent plus que l'ordre qui doit être donné à trois heures et demie de marcher sur Tananarive.

Le départ pour l'assaut doit être, d'après les ordres du commandement, marqué par un redoublement d'intensité du feu de l'artillerie.

A trois heures quinze, un pavillon blanc est amené au sommet du Palais d'Argent. Ce signal aperçu, le bataillon Malgache se porte en avant et pénètre dans Tananarive par le sud. Une heure après, nous arrivons à hauteur du palais de la Reine dont la terrasse regorge de monde.

La foule compacte fixe des regards étonnés sur nos soldats noirs, sales, déguenillés, mais portant fièrement leur fusil sur l'épaule droite. Pressés sur quatre ou cinq rangs, les Hovas ne nous laissent dans les rues tortueuses qu'un étroit passage ; nous arrivons ainsi près du télégraphe français où nous déployons un drapeau aux trois couleurs de France et nos clairons sonnent aux champs.

Le bataillon d'avant-garde a fait son devoir.

Le général Duchesne ayant refusé d'entrer en rapports avec les premiers parlementaires envoyés, ceux-ci sont remplacés par des personnages plus autorisés qui acceptent sans restriction toutes nos conditions.

En attendant la fin des pourparlers, nous restons l'arme au pied sur la place d'Andohalo, « où se tiennent, les assemblées populaires, les kabars, dans lesquels le premier ministre harangue les fidèles sujets de la reine et prononce ses allocutions guerrières ».

Cette place, située dans le quartier le plus élégant de la ville, a un aspect des plus pittoresques ; on dirait d'un immense cirque, entouré de jolies cases étagées construites en briques et dont les terrasses superposées s'ouvrent du côté de la place : la cathédrale, le temple norvégien ferment, à l'est et à l'ouest, de leur masse imposante, cette vaste circonférence, où fourmillent trente mille Hovas, et au centre de laquelle s'élève une espèce de camp formé d'un amas de cases en paille ou de tentes en rabanes. Des caisses de munitions, des affûts, des roues, des charges de cartouches sont amoncelés sans ordre dans un coin, tandis que les bourjanes porteurs sont prêts à les enlever et à fuir.

Les terrasses, les escaliers, les rues sont

couverts de Hovas accroupis, drapés de leurs lambas dont l'extrémité cache une partie de leur visage. Ils restent là, comme figés, les lèvres closes, le regard lourd d'épouvante. Ils attendent avec anxiété les conditions du vainqueur.

Enfin le général Metzinger arrive ; un délégué de la Reine s'approche et le général lui donne l'ordre de traduire au peuple rassemblé ce que nous exigeons : entrée immédiate des troupes à Tananarive ; livraison des armes et munitions ; désarmement général et licenciement des chefs et soldats Malgaches et leur renvoi dans leurs villages.

Cette dernière partie du kabar est accueillie par un hurlement de joie ; un meuglement prolongé s'échappe de toutes les poitrines et se perd en un long soupir de bonheur et de soulagement.

En un clin d'œil, les cases sont démolies ; chacun emporte, qui un lamba, qui une natte et, au milieu de cris et d'exclamations sans nombre, tous les lambas blancs disparaissent et rentrent chez eux.

Le général indique ensuite l'emplacement de nos divers bivouacs car, chose inouie, nous ne cantonnons pas dans la ville conquise, du moins nous, pauvres Malgaches, ses premiers occupants, qui allons bivouaquer sur la place d'Anakely ; nous aurons le sol dur pour couchette et la voûte azurée pour... couverture.

En passant près d'un magasin anglais, je fais acheter du vin et du champagne. Nous buvons à la santé de mon brave lieutenant blessé dans la journée et à la prise de Tananarive.

Puis, heureux d'avoir fait notre devoir, nous nous endormons en pensant à notre belle France et nous lui adressons cette fervente prière :

« O chère patrie, si fière, si magnanime, reçois de tes fils ces modestes lauriers que nous avons cueillis pour en ceindre ton front vénéré. Pardonne à nos souffrances avouées, à nos lassitudes et à nos découragements passagers — nous ne sommes hélas ! que des hommes avec leurs misérables faiblesses — et conserve seulement le souvenir de notre mission fidèlement et pieusement remplie. Une fois de plus, au prix de bien des efforts qui nous furent doux, nous avons fait respecter ton nom ; nous n'avons pas été indignes de nos pères qui l'ont fait puissant et impérissable. Nous sommes bien loin de toi, ô patrie, mais à travers l'espace, tu dois entendre battre nos cœurs, ces cœurs frémissants qui s'élèveront toujours à la hauteur du noble devoir à accomplir, et sur lesquels tu peux te reposer et dormir en paix jusqu'au jour où, pour saluer ton réveil glorieux, tes enfants viendront, l'âme en fête, t'apporter les deux fleurons meurtris qui manquent à la radieuse couronne ! »

FIN

TABLE DES MATIÈRES

Savenay. — Imprimerie X. HUTEAU.

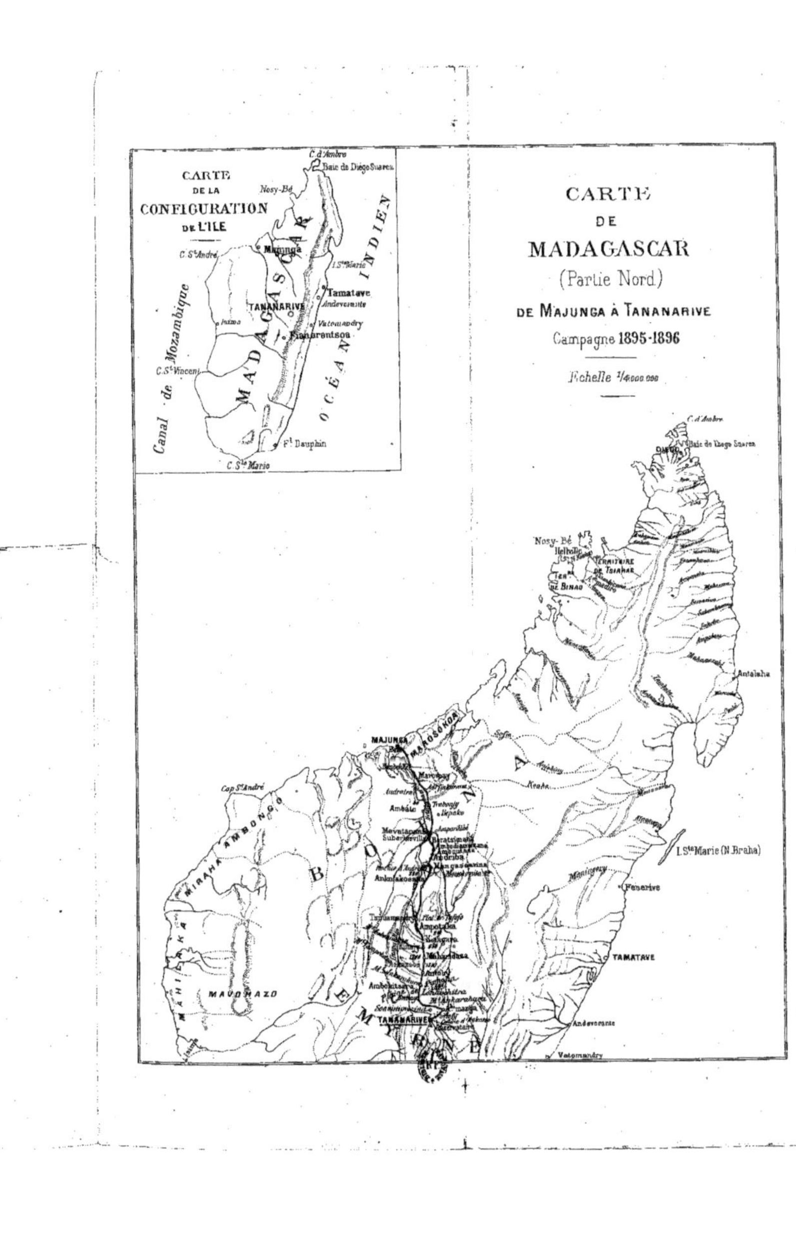

CARTE
DE LA
CONFIGURATION
DE L'ILE

CARTE
DE
MADAGASCAR
(Partie Nord)
DE MAJUNGA À TANANARIVE
Campagne 1895-1896
Echelle 1/4,000,000